P9-CEQ-679

Jo Frost

SUPERNANNY

Consejos prácticos y sensatos para educar a tus hijos

Traducción de Pilar de la Peña Minguell

Planeta

AGRADECIMIENTOS

Este libro es fruto del esfuerzo de muchísimas personas. Me encantaría poder nombrarlas a todas, pero la lista sería interminable. No sabría por dónde empezar.

Quiero agradecer inmensamente su esfuerzo a todos los que han trabajado en *Supernanny*, de Ricochet Productions, al equipo creativo responsable de las fotografías y el diseño de este libro, y a la plantilla de Hodder, que ha publicado la obra.

Me gustaría manifestar mi especial agradecimiento a las familias que han hecho posible la serie, a todas aquellas con las que he trabajado a lo largo de mi carrera, y a mi familia y amigos (¡ya sabéis quiénes sois!), que siempre me han apoyado en todo.

Por último, aunque no por ello en absoluto menos importante, quisiera dar las gracias a Sue Ayton y Liz Wilhide por ayudarme a encontrar mi sitio.

Título original: Supernanny. How to Get the Best from Your Children

Publicado por primera vez en Gran Bretaña en 2005
por Hodder and Stoughton Limited,
una división de Hodder Headline

Diagonal, 662-664 - 08034 Barcelona (España)
Diseñado y compuesto por Smith & Gilmour, Londres
Fotografías de Mark Read
Primera edición: abril de 2006
Tercera impresión: mayo de 2006
Depósito Legal: B. 23.823-2006
ISBN 84-08-06655-2
Composición: Víctor Igual, S. L.
Impresión: Gayban Gràfic, S. L.
Encuadernación: Encuadernaciones Roma, S. L.
Printed in Spain - Impreso en España

El autor quiere mostrar su agradecimiento a todos los niños que aparecen en este libro: Thalia Cooley, Katie Cooley, Thomas Howland, Emily Howland, Alex Hugues, Emmanuelle Martin, Tobias Sutton, Phoebe Sutton, Daisy Sutton, Melissa De Araujo, Millie Pearson, Delta Rae Read, Georgie Smith, Eden Soroko, Anna Soroko y Mya Williamson.

Este libro está dedicado a mis padres: Joa Frost, un ángel que sigue a mi lado, y Michael Frost. Gracias por vuestro amor y apoyo incondicionales. Me siento realmente afortunada de ser vuestra hija. Matthew, tú siempre serás «mi pequeño Mattsu».

Un abrazo enorme y muchos besos

SUMARIO

Introducción

No hace mucho, fui al parque con dos niñas pequeñas a las que cuidaba. Como el día era caluroso, las niñas llevaban un pañuelo en la cabeza para evitar la insolación. Al rato, se me acercó una mujer. «¿Cómo lo consigue? —me preguntó—. ¿Cómo consigue que no se quiten el pañuelo de la cabeza?» La miré y le contesté en un susurro: «Superglue. Un poquito en la frente y listo.» A juzgar por su gesto horrorizado, me creyó durante una milésima de segundo; después, se dio cuenta de que bromeaba.*

Huelga decir que no encontrarás en este libro una sola técnica que implique el uso de Superglue, ni nada que suponga el maltrato físico o psíquico del niño. Sólo encontrarás formas sensatas de resolver los problemas habituales de la mayoría de los padres de niños menores de cinco años. Yo no he inventado las técnicas que propongo, y sospecho que nadie puede realmente afirmar que son suyas. En general, me he servido de la intuición y la observación de padres e hijos para saber qué funcionaba y qué no. Por ejemplo, lo que yo llamo la *técnica de la implicación* es la práctica a la que muchos padres han recurrido durante años para poder realizar sus tareas domésticas sin desatender a sus hijos; la *técnica del aislamiento* —una forma de imponer al niño una norma obligándolo a meditar sobre su conducta— se usa desde que las escaleras tienen peldaños, y las habitaciones, rincones.

Yo no decidí un buen día hacerme niñera. Sucedió sin más, aunque casualmente mi primer empleo de fin de semana fue en una tienda de ropa y accesorios para futuras mamás, así que no es de extrañar que haya terminado trabajando con niños.

Me encanta relacionarme con distintos tipos de personas y adoro a los niños. De pequeña, mis padres solían decirme que era una cotorra (por lo visto, sigo siéndolo). Cuando íbamos de vacaciones, ellos siempre hacían nuevas amistades porque yo me hacía amiga de sus hijos primero. De mayor, cuidé de muchos niños y fui niñera a tiempo parcial. Conseguí mi primer empleo fijo por un anuncio publicado en el tablón de una librería.

Quince años después, puedo decir que cuento con mucha experiencia. He sido niñera fija, temporal y de casos difíciles. He ido de vacaciones con las familias para las que he trabajado, me he mudado con ellos e incluso he cambiado de país con algunos. He cuidado de niños de todas las edades: desde unas horas hasta catorce años. He contestado a innumerables llamadas de padres preocupados a las dos de la madrugada, y de amigos preocupados de las familias para las que he trabajado. Desde la emisión del primer episodio de *Supernanny*, me he visto desbordada por cartas de desconocidos que, después de haber probado las técnicas propuestas en la serie, querían contarme cómo les había ido. Es maravilloso tener noticias de todas esas personas y recibir opiniones constructivas.

En algunas de esas cartas, se me echa en cara que no soy madre. Es cierto. Tampoco soy pediatra, ni psicóloga infantil. No he recibido formación oficial para hacer lo que hago, lo que me sitúa prácticamente en la misma posición que la mayoría de los padres, salvo por el vínculo afectivo (¡aunque las niñeras también tenemos sentimientos!).

La gran diferencia es que yo tengo muchos años de experiencia en el trato con niños de edades diversas y no es la primera vez que me enfrento a estos retos. He cuidado de niños que estaban destetando o aprendían a ir al baño, de niños a los que les estaban saliendo los dientes, que cogían rabietas o empezaban a ir al colegio. En todo ese tiempo, he estudiado conductas y me he interesado por la opinión de otras personas sobre cuestiones relacionadas con la infancia, pero, sobre todo, he confiado en mi propia intuición.

En seguida descubrí que ser niñera no es sólo cuidar de un niño y satisfacer sus necesidades infantiles. En algunos aspectos, la niñera es un puente entre el niño y sus padres. Se encuentra en una posición privilegiada desde la que puede observar el funcionamiento de la familia. El modo en que todo se relaciona no deja de fascinarme. Esto puede verse claramente desde una posición objetiva, sin el lastre de los lazos afectivos. El problema es que muchos padres, cuando se encuentran en situaciones difíciles, están demasiado implicados emocionalmente para poder disfrutar de una visión de conjunto.

Este libro pretende ayudar a los padres a desvincularse un poco y así captar el conjunto. Es lo que hago en *Supernanny* cuando trabajo con familias cuyas existencias se han complicado sólo porque de pronto han quedado atrapadas en un círculo vicioso de soluciones equivocadas del que no saben salir. No creo que haya niños «malos». A mi juicio, todos los niños pueden comportarse como se espera de ellos. Con eso no quiero decir que vayan a ser unos santos. Me refiero a que pueden ser niños felices, relajados y con personalidad, pero que saben perfectamente hasta dónde pueden llegar.

Todo lo que he visto y vivido me convence de que los niños necesitan límites, que sólo pueden mantenerse mediante disciplina. Disciplina no es sinónimo de castigo duro —de hecho, el elogio forma parte esencial de la disciplina—, pero implica el establecimiento de normas y el refuerzo de esas normas con un control firme.

A muchos padres les cuesta disciplinar a sus hijos, quizá por temor a que los niños ya no los quieran; por eso dejan que sus hijos tomen las riendas aunque no estén preparados para ello, y cuando se es niño, llevar las riendas produce confusión e infelicidad.

Supón que vas al banco a cobrar un talón y te piden que ocupes el puesto del director de la sucursal. Sin formación, sin haber ascendido poco a poco hasta esa categoría, no tendrías ni la más mínima idea de qué hacer. Con los niños, sucede lo mismo. Un niño que de pronto se encuentra al mando se ve en una situación que, sencillamente, no está preparado para manejar.

A mí me educaron con cariño y firmeza. Por suerte, mis padres potenciaron mi autoestima y me convencieron de que podía conseguir lo que quisiera en esta vida. Ninguno de los dos incumplió jamás ninguna de sus promesas. Mi madre fue siempre una inspiración. Me enseñó muchísimas cosas sin que yo apenas fuera consciente de aprenderlas. Mi padre me hizo sentir segura: no había problema que no pudiera solucionarse. Si algo me preocupaba, lo hablábamos y él me tranquilizaba. Al mismo tiempo, mis padres insistían en las normas, en la importancia del respeto y los buenos modales en la relación que manteníamos unos con otros y con los demás. Pero yo seguía siendo una niña: podía mancharme, ensuciarme y divertirme como todos los niños, sin que las preocupaciones del mundo cayeran sobre mis hombros.

Hoy en día es difícil ser padre. Nuestra sociedad ha cambiado. Cuando yo era niña, podía ir al parque con mi hermano Matthew sin que nuestros padres se preocuparan excesivamente. La gente ni siquiera cerraba con llave la puerta de su casa. Ahora los padres están siempre preocupados. Los medios de comunicación se hacen eco diariamente de los peligros a que están expuestos los niños, con información muchas veces contradictoria, algo que no hace sino generar confusión. Además, por lo visto, ser padre se ha convertido en una competición. Resulta difícil actuar con naturalidad y dejarse llevar por la intuición cuando otros padres no paran de decirte lo listos que son sus hijos y lo bien que se portan.

Antes, siempre había cerca abuelos u otros parientes dispuestos a ayudar y aconsejar a los padres. Hoy, muchos padres descubren que no cuentan con estos sistemas de apoyo típicos. Cuando ambos progenitores trabajan, se produce mayor angustia y aislamiento. Si sólo uno de ellos cuida de los niños, la cosa se complica. Un sondeo realizado recientemente entre familias británicas para la organización benéfica Parent Talk revela que un tercio de los padres encuestados se considera un fracaso. Una verdadera lástima.

Algunos individuos asumen con naturalidad la tarea de ser padres. Otros no. Es algo más que hay que aprender, entender y practicar. Cuanto más sepas, más leas y más hables con otras personas, mayor será tu autoestima y más fácil te resultará adoptar una postura propia y tomar tus propias decisiones. Ten confianza. El modo en que eduques a tus hijos es cosa tuya, depende de ti.

La educación de tus hijos es el papel más importante que tendrás jamás. Les estás proporcionando, literalmente, unos cimientos sólidos para la vida. No tiene por qué ser un suplicio. Ser padres puede y debe ser una gozada.

Cuando se me presentó la ocasión de tomar parte en *Supernanny* (otro anuncio, esta vez en una revista), lo vi como una oportunidad de exponer algunas ideas en las que creo firmemente. Hicimos el episodio piloto, en el que ayudábamos a una madre soltera a controlar a sus cuatro hijos. Trabajamos juntas en las técnicas de disciplina, autoridad y elogio, y funcionó. El resultado fue una madre contenta y cuatro niños felices y, en mi caso, al cabo de dos semanas, una serie de televisión entre las manos.

Para mí, *Supernanny* ha sido y sigue siendo una extraordinaria oportunidad de compartir la experiencia y los conocimientos adquiridos en mi trabajo con familias. Además, me ha permitido devolver ese algo especial que he obtenido de mi trabajo.

Disfruta de tus hijos.

* ¿Cómo se consigue que un niño no se quite el gorro? Es fácil. Cuando se lo quita, le dices que se lo vuelva a poner. Se lo vuelve a quitar. Le dices que se lo vuelva a poner. Se lo vuelve a quitar. Le dices que se lo vuelva a poner. Se lo vuelve a quitar. Le dices que se lo vuelva a poner. Se lo vuelve a quitar. Le dices que se lo vuelva a poner. Se lo vuelve a quitar. Le dices que se lo vuelva a poner...

MIS DIEZ NORMAS BÁSICAS

SI PUDIERA RESUMIR MI PLANTEAMIENTO DEL CUIDADO DE LOS NIÑOS, ÉSTAS SERÍAN MIS DIEZ NORMAS BÁSICAS. SE BASAN EN LA OBSERVACIÓN, NO EN TEORÍAS. SON APLICABLES A LA MAYORÍA DE LAS SITUACIONES A LAS QUE TENDRÁS QUE HACER FRENTE, Y LAS ENCONTRARÁS RESUMIDAS AL FINAL DE CADA CAPÍTULO, EN EL APARTADO DE PROBLEMAS Y SOLUCIONES, DONDE ESPECIFICO CÓMO SE APLICAN A CADA CASO CONCRETO.

1. ELOGIOS Y RECOMPENSAS

Las mejores recompensas son la atención, el elogio y el cariño. No es necesario premiar al niño con dulces, regalos o juguetes. Una tabla de puntuación por estrellas o una salida especial pueden servir para reforzar un patrón de buena conducta.

2. COHERENCIA

Una vez establecida una norma, no la cambies en pro de una mayor tranquilidad o para evitarte un bochorno. Asegúrate de que todas las personas que cuidan de tu hijo, incluida tu pareja, aplican las mismas normas. Una norma es una norma.

3. RUTINA

Somete tu hogar a un orden básico y a una rutina. Las horas fijas de paseo, comidas, baño y sueño son la piedra angular de la vida familiar. Una vez establecida una rutina, puedes permitirte cierta flexibilidad, por ejemplo, cuando estés de vacaciones. La rutina es la base de todas las normas, pero ésta no tiene por qué ser rígida.

4. LÍMITES

El niño debe saber que su comportamiento tiene unos límites que separan lo aceptable de lo que no lo es. Debes establecer normas y hacerle saber lo que esperas de él.

5. DISCIPLINA

Los límites sólo pueden mantenerse con la ayuda de disciplina, lo que supone un control firme. Tal vez sea necesaria una voz autoritaria y una advertencia para que el niño reciba el mensaje. También puedes usar otras técnicas, sin llegar en ningún momento al maltrato.

6. ADVERTENCIAS

Hay dos tipos de advertencias. Una es la que indica al niño lo que viene después: te conviertes en un reloj parlante que le dice que llega la hora del baño o que estás a punto de poner la comida en la mesa. La otra es una advertencia de mal comportamiento, que le permite corregir su actitud sin necesidad de más disciplina.

7. EXPLICACIONES

Un niño pequeño no sabe cómo quieres que se comporte a menos que se lo digas. Para que capte el mensaje, debes decírselo claramente. No le des razones ni explicaciones complicadas, limítate a exponer lo obvio. Cuando reprendas al niño, explícale por qué de forma adecuada a su edad y pregúntale si lo entiende para asegurarte de que capta el mensaje.

8. CONTENCIÓN

Mantén la calma. Los padres son quienes mandan. No respondas a una rabieta con un despliegue de ira, ni a un grito con otro grito. Eres el adulto. No dejes que el niño te haga perder los nervios.

9. RESPONSABILIDAD

La infancia consiste básicamente en crecer. Déjalo crecer. Deja que haga cosas pequeñas y asequibles que le permitan reforzar su autoestima y aprender las aptitudes vitales y sociales necesarias. Implica a tu hijo en la vida familiar, pero procura que tus expectativas sean razonables. No empujes al niño al fracaso.

10. RELAJACIÓN

La calidad de vida es importante para todos, también para ti. Deja que tu hijo se relaje con un cuento y unos arrumacos a la hora de dormir. Reserva tiempo para ti, para tu pareja y para todos tus hijos, de forma que todos y cada uno podáis disfrutar de atención individualizada.

Edades y etapas

Los cinco primeros años de la infancia son una época de rápidos cambios en todos los frentes: físico, mental y emocional. Los hitos físicos son fáciles de detectar. En lo que parece un abrir y cerrar de ojos, el hermoso bultito que trajiste a casa desde la clínica o el hospital se sienta, gatea y da sus primeros pasos bamboleantes. En poco tiempo trepará por el lateral de la cuna y se meterá en todo.

Los cambios que se producen en la mente de tu hijo son igualmente importantes, aunque mucho menos obvios. Desde su nacimiento hasta cumplir los cinco años realizará grandes progresos en su forma de entender el mundo y relacionarse con quienes lo rodean.

«¿Tu hija todavía no camina? La mía empezó a andar a los nueve meses.»

Hoy en día ya se asocia bastante competitividad al hecho de ser padres como para que yo añada más. Con este capítulo, no pretendo que te angusties si tu hijo no alcanza un «objetivo» concreto, ni proponerte que te des una palmadita en el hombro si ves que va más adelantado. Sólo me propongo mostrarte lo que puedes esperar razonablemente de cada etapa o, mejor aún, lo que no debes esperar.

Si sabes lo que motiva a tu hijo, podrás adaptar tu aptitud a su etapa de desarrollo. En mi trabajo he conocido muchos casos de padres que intentaban «razonar» con un niño demasiado pequeño para seguir una conversación lógica. He visto cómo se le pedía a un niño de poco más de un año que eligiera entre una enorme variedad de opciones cuando los niños de esa edad apenas disponen de recursos para tomar ese tipo de decisiones.

Una vez que el niño empieza a hablar, es sorprendente lo rápido que los padres parecen olvidar que no están tratando con adultos hechos y derechos sino con personas cuya percepción del mundo es aún muy básica. Del mismo modo que no esperaríamos que un bebé de seis semanas se pusiera de pie, no debemos esperar que un niño de dos años cuente con las aptitudes mentales y sociales de uno de cuatro.

Todo esto repercute directamente en el modo de educar a tus hijos. Entender cómo cambian y crecen los niños, tanto por dentro como por fuera, es lo único que realmente permite a los padres satisfacer las necesidades de sus hijos de forma correcta y en el momento adecuado.

El recién nacido: del nacimiento a los seis meses

Un recién nacido no tiene ni idea de lo que es una persona. Aún no sabe que quien lo sostiene en brazos es su madre, ni siquiera que esa persona es distinta de él. Sin embargo, está perfectamente preparado para ver tu rostro, sentir tu abrazo y oír tu voz. Eso se debe a que, en su interior, es perfectamente consciente de que su supervivencia dependerá de que alguien satisfaga regularmente sus necesidades. Ese alguien eres tú.

Se ha demostrado científicamente que los bebés pueden oír en el seno materno y se piensa, incluso, que son capaces de reconocer la voz de su madre en cuanto nacen. Por el contrario, a una madre le lleva algún tiempo identificar el llanto de su hijo, y algo más averiguar su significado. ¿Hambre? ¿Gases? ¿Cansancio? Lo que ninguna madre puede negar es que el llanto funciona, porque así es como debe ser.

Durante los primeros meses, la curva de aprendizaje es muy pronunciada. Si es tu primer bebé, te parecerá que vas en una montaña rusa: tan pronto estarás eufórica como deprimida, y el cansancio será una constante. Lo más importante de esta etapa no es la pericia con que le cambies los pañales al bebé, sino el que seas capaz de satisfacer en todo momento sus necesidades, y también las tuyas.

No puedes consentir a un bebé. Al contrario de lo que te digan tu madre o tu abuela, el bebé es demasiado pequeño para «tenerte completamente atada»; esa deliciosa etapa ya llegará. Cuando respondes al llanto del bebé, no te «sometes» en modo alguno a su voluntad, sino que le prestas atención y le das cariño. De este modo, el bebé aprende que no debe temer por que sus necesidades se vean satisfechas en el futuro.

Dejar que el bebé llore durante períodos prolongados en sus cuatro primeros meses de vida no le enseña a esperar el momento en que te venga mejor darle la siguiente toma. No le enseña que no necesita otro arrumaco. No le enseña que debe volver a dormirse. Le enseña que no hay nadie cerca a quien le importe y que no puede hacer nada al respecto.

Tampoco la disciplina tiene cabida en los primeros meses. Eso no significa que los bebés no deban beneficiarse del refuerzo de la rutina. Es posible que durante las primeras semanas no veas mucha coherencia en lo relativo a las comidas y las horas de sueño. En un plazo de tres a seis semanas descubrirás que las cosas son mucho más previsibles.

No puedes someter a un bebé de dos meses a una rutina de sueño, pero sí puedes acostumbrarlo poco a poco a seguir una rutina de comidas. Empieza por observar cuánta leche toma. Si llora después de una toma, puede que sea un bebé comilón y necesite más. Entre las tres y las seis semanas, como casi todos los bebés toman más leche, la mayoría suelen necesitar una toma cada dos a cuatro horas.

A partir de entonces, tienes dos posibilidades: dejarte llevar o servirte de ese esquema para desarrollar una rutina. Tú decides. Pero recuerda que, como madre, controlas la situación más de lo que crees. Si parece que tu bebé necesita una toma todos los días a la misma hora, pero eso te supone levantarte varias veces por la noche, puedes ir desplazando las tomas dándole de comer un poco antes de lo habitual, hasta que los intervalos te resulten más tolerables. En algunos casos, un bebé puede aguantar hasta las cuatro de la madrugada si se le da un biberón a las once de la noche.

Los bebés necesitan mucha atención física desde el comienzo: hay que darles de comer, cambiarlos, bañarlos, acariciarlos. Pero también necesitan estimulación. Aún no saben hablar, pero les encanta oír tu voz y verte la cara. Si no dejas de comunicarte con tu hijo, pronto te recompensará con su primera sonrisa. Poco después llegarán los primeros balbuceos con los que el bebé te «responderá», imitando los sonidos que le hagas.

A LOS RECIÉN NACIDOS LES ENCANTA:

- Que les den montones de besos.
- La proximidad y el contacto físico: que les hagan arrumacos, los cojan en brazos, les froten la espalda y los masajeen.
- Ver caras: en las primeras semanas, el rostro humano es el mejor juguete.
- Que los acunen y los mezan.
- La música y el sonido de tu voz.
- Los objetos de colores a escasa distancia, sobre todo si se mueven.

ESTRATEGIAS:

- Aprovecha para descansar siempre que puedas. Duerme cuando duerma el bebé.
- Sigue haciendo las cosas de siempre, pero no esperes lograr la perfección doméstica.
- Obtén ayuda de tu pareja, tus amigos, tu madre, y de cualquiera que pueda echarte una mano con la comida, la compra, etc.
- Reserva algo de tiempo para tus seres queridos —tu pareja y tus otros hijos— de forma que puedas librarte inmediatamente de posibles celos o resentimiento.
- Comparte los quehaceres del bebé: bañarlo, que eche el airecito, cambiarle los pañales.
- Vuelve a sentirte humana. Mímate. Ve a la peluquería.

El bebé mayor: de los seis a los dieciocho meses

Se han producido cambios enormes en los seis primeros meses. El recién nacido indefenso se ha convertido en un bebé que sostiene bien la cabeza, rueda, coge juguetes, sonríe, ríe, balbucea y reconoce a mamá, a papá, a sus hermanos y otros rostros familiares. Habrá empezado a comer sus primeros alimentos sólidos, incluso puede que beba de una taza. En la segunda mitad del primer año, el bebé empieza realmente a explorar el mundo.

Durante esta etapa, el desarrollo físico lo empuja a esos primeros pasos, que a menudo se producen en torno al primer cumpleaños o antes, y casi siempre antes de los dieciocho meses. La mayor movilidad, proporcionada por los giros y el gateo, significa que el bebé ya no tiene que esperar a que le traigan el mundo: puede ir a buscarlo por sí mismo. Y, cuando lo encuentra, generalmente se lo mete en la boca. Si aún no lo has hecho, éste es el momento perfecto para acondicionar la vivienda al bebé y tener mayor cuidado con la higiene (consulta «Puestos de combate» en la pág. 42).

Tu bebé parecerá cada día más una personita, con sus propios gustos y aversiones, y con su propia personalidad individual. Las comidas y el sueño serán mucho más fáciles; si no es así, en otras secciones de este libro encontrarás estrategias que puedes adoptar. Pero lo que debes tener siempre presente es que, hasta que el niño tenga al menos un año, sigue siendo un bebé. Si llora, será para indicarte que necesita algo o que algo le disgusta (quizá sea simplemente porque le has negado alguna cosa). En esta etapa no puedes «consentirlo» más de lo que puede consentirse a un recién nacido.

Los bebés de esta edad a veces hacen cosas que no deberían hacer. Un bebé coge una taza de una estantería porque puede hacerlo y nadie se lo impide. No coge la taza de la estantería para enfadarte o desafiarte, ni porque sea malo. Es sencillamente el lugar adonde lo ha llevado su misión exploratoria ese día. «¡Mira, una cosa blanda y azul! Voy a metérmela en la boca a ver qué es. ¡Huy! ¡Cuánto pesa! ¿Adónde ha ido?»

No puedes reprender a un bebé de diez meses, pero puedes y debes decirle que no haga algo. Sin gritarle, pero con firmeza, dile: «No», y adviértele. También puedes explicarle por qué. «Eso quema.» No entenderá las palabras, pero responderá a tu tono y te acostumbrarás a darle explicaciones, algo que más adelante te resultará muy útil.

En muchos sentidos, ésta es una edad deliciosa; en otros aspectos, puede resultar bastante complicada. Tienes que ir siempre un paso por delante en el juego; tener ojos en la espalda suele resultar bastante práctico. Podrás hacer menos cosas mientras el bebé esté despierto, porque tendrá mayor movilidad y dormirá menos. Durante ese tiempo, observarás también que cada vez requiere más tu participación en sus juegos. Aún no puede hacer demasiadas cosas por sí mismo, pero es lo bastante mayor para aburrirse cuando no recibe suficiente estimulación. Meterlo en un parque con muchos juguetes y objetos con los que pueda entretenerse posiblemente te ayude a aliviar la tensión durante períodos breves, pero no lo dejes tirado en el parque o la cuna cuando estés enfadada o harta o esté llorando: llegará a asociarlo con sentimientos negativos.

DENTICIÓN

Si el aburrimiento es una razón más para llorar a esta edad, también lo es la dentición. Cuando empezabas a felicitarte por conseguir una especie de rutina, llega el monstruo de los dientes y lo echa todo por tierra. El primer diente, que aparece alrededor de los seis meses, suele sorprender tanto a los padres como al propio bebé. Una vez superado el primer asalto de la dentición, sabrás cómo detectar los síntomas la próxima vez, y todas las que vengan después.

Después del primer diente, lo importante es que seas capaz de distinguir si a tu hijo le está saliendo un diente, si el niño está malito o simplemente tiene un mal día. Si tiene fiebre muy alta o algún otro síntoma de enfermedad, tendrás que llevarlo al médico inmediatamente. Si únicamente está inquieto y no muestra ningún otro síntoma, probablemente no le esté saliendo ningún diente.

SÍNTOMAS DE DENTICIÓN:

- Mejillas rojas. El enrojecimiento suele manifestarse en forma de finas líneas rojas entrecruzadas.
- Babeo.
- Mordisqueo rabioso de cualquier cosa.
- Pequeñas ampollas blancas en las encías.
- Leve fiebre, que no sube más de un grado. Si sube más, acude a un médico.
- Los pañales huelen peor de lo normal (y el olor es inconfundible).
- A veces, una erupción producida por el pañal.
- Llanto inquieto y despertar a media noche (¡es que duele!).
- Ligera pérdida del apetito.

REMEDIOS:

- Aros duros de dentición. Algunos pueden congelarse para proporcionar un mayor alivio.
- Infusiones para dentición.
- Sedantes suaves para calmar el dolor.
- Mucho consuelo y empatía.

LA ANGUSTIA DE LA SEPARACIÓN

Otra característica de esta etapa es que el bebé suele dar muestras de que se siente cada vez más unido a su madre y la prefiere a cualquier otra persona. Este apego se manifiesta en forma de protesta o angustia cuando mamá sale de la habitación o incluso cuando se acerca a la puerta. Mientras el bebé te ve, es feliz, pero en cuanto no puede verte, empieza a llorar. El grado de apego y la duración de esta etapa dependen de cada niño, pero, por lo general, esta fase alcanza su máximo apogeo a los nueve meses y empieza a remitir gradualmente a partir de esa edad, para reaparecer a los dieciocho meses. A menudo recibe el nombre de *angustia de la separación* y se considera un indicio de que el bebé ya es suficientemente mayor para recordar y comparar. Sabe que te vas y sabe que tu ausencia no le va a gustar, porque no le gustó la última vez.

Cuando ni siquiera puedas ir a hacer pis sin desencadenar una llorera, tendrás la sensación de que tu paciencia va a reventar tan pronto como tu vejiga. Si además decides volver al trabajo en este momento, es muy probable que descubras que esta particularidad del desarrollo de tu hijo termina por desbaratar todos tus planes.

ALIVIO DE LA ANGUSTIA DE LA SEPARACIÓN:

- Asegúrate de que tu hijo no está enfermo o angustiado. Los niños también pueden volverse pegajosos por esas razones.
- Acepta que se trata de una fase que pasará. La peor época es antes del primer cumpleaños.
- No dejes que la situación te enfade o te abrume. Respira hondo cuando empieces a sentirte sobrepasada o angustiada.
- Si tienes que salir precipitadamente de la habitación sólo un momento, sigue hablándole al bebé para que sepa que estás por ahí.
- No desaparezcas cuando esté distraído.
- Si tienes que dejar al niño con una canguro durante ese período, dale tiempo para que conozca bien a esa nueva persona primero. Le ayudará a sentirse a gusto.
- Tranquiliza a tu pareja para que no piense que ha hecho algo malo y que el niño te prefiere a ti. En el momento álgido de esta fase, es muy posible que papá se sienta excluido. Debe saber que se trata de algo pasajero y que puede ayudar de otras formas.
- Con niños pequeños, me gusta jugar a «¿Dónde estoy?». Les ayuda a entender que, aunque no te vean, sigues ahí. Por ejemplo, me tapo la cabeza con una sábana, o me tumbo en la cama y me tapo entera con la colcha. Con niños mayores, me convierto en maga y hago desaparecer pelotitas bajo cubiletes. Si lo haces divertido y consigues que se rían, aprenden mucho más de prisa.

Los primeros pasos: de los dieciocho meses a los tres años

Cuando el niño da su primer paso, todo empieza a resultar aún más interesante. Sale disparado como una sonda de la NASA hacia una etapa de movilidad completamente nueva. Las cosas que lo rodean se convierten en elementos de juego mucho más atractivos, además de en sabrosos bocados. Aún queda un poco para que hable perfectamente, pero, hacia los dieciocho meses, posiblemente ya diga unas cuantas palabras reconocibles, una de las cuales será con casi total seguridad «no».

Con todo esto, llegamos a la fase realmente interesante. Desde este momento hasta aproximadamente los tres años, tu hijo es oficialmente un «niño pequeño». Ya no es un bebé, aunque aún no cuenta con las aptitudes físicas, mentales o sociales de que dispondrá en su primer día de colegio. Al igual que el adolescente, se encuentra en un punto intermedio. A veces es una fase agradable y otras no —tanto para ti como para él— durante la que se produce otra experiencia nueva: la primera rabieta.

El niño que empieza a andar no tarda en descubrir que lo que antes parecía un mundo maravilloso y sorprendente que explorar —del que tú formas parte— de pronto se ha convertido en un enorme obstáculo para lograr lo que quiere y cuando lo quiere, que es YA. Posee una nueva libertad física que está ansioso por probar. Por primera vez, empieza a entender lo que se siente al ser un pequeño individuo con voluntad propia. El problema es que aún no está preparado para serlo, por una razón de peso: la parte del cerebro que en su momento le proporcionará autocontrol todavía no está totalmente desarrollada. Aunque se afana por lograr autonomía, sigue dependiendo mucho de ti.

Aunque tu hijo hable sin parar y parezca entender lo que le dices, su mente funciona de forma muy distinta a la tuya. Hasta los dos años y medio, como mínimo, hay una serie de cosas fundamentales que no comprende ni sabe hacer.

Esta etapa de los primeros pasos (a veces conocida como «la edad de las rabietas») tiene sus propias fases. Cuando comienza, generalmente antes de los dos años, el niño apenas puede controlar sus impulsos y a menudo se siente frustrado por sus propias limitaciones o por el mundo que lo rodea. Cuando llegue a su fin, alrededor de los tres años o algo después, el niño habrá madurado hasta tal punto que podrás pedirle algo de autocontrol. No mucho, pero algo.

Se trata de una etapa difícil, pero no tiene por qué ser una mala época si te la planteas con expectativas sensatas. Los niños de esta edad pueden ser irritables, ilógicos, agotadores e impredecibles, pero también pueden ser divertidos, cariñosos, entusiastas y estar llenos de vida. Disfruta de esta fase mientras puedas.

RASGOS TÍPICOS DEL NIÑO QUE EMPIEZA A ANDAR:

- La paciencia no es una de las virtudes del niño que empieza a andar. Algunos niños de esta edad pueden esperar un poco, pero muchos no esperan, ni siquiera un minuto.
- El niño de esta edad no sabe planificar. Si siente un impulso, actuará en consecuencia, sin tener ni idea de adónde lo va a llevar ni de cómo se sentirá cuando alcance su meta.
- No puede controlarse.
- No posee sentido del peligro.
- Su memoria es limitada. Eso significa que tendrás que repetirte, una y otra vez.
- No entiende lo que es una promesa hasta que se cumple. Cuando quiere algo, lo quiere inmediatamente. Su mente se centra en una cosa, por lo que no podrás hacer tratos con él. Inténtalo si quieres, pero no conseguirás nada.
- No sabe cómo responder a la diversidad de opciones. Sencillamente no entiende el significado de «esto... o lo otro». Muchas veces pide cosas contradictorias, como que le pongas los zapatos y que se los quites al mismo tiempo.
- No entiende que sus acciones pueden repercutir en los sentimientos de otras personas. No quiere esperar su turno. Si le dices: «Déjale el juguete a tu hermana un rato», pensará que ha perdido el juguete para siempre, con la consiguiente rabieta.
- Precisa más atención de la que es humanamente posible darle y la requiere durante más horas de las que tiene el día.

ESTRATEGIAS

Ni los razonamientos, ni las súplicas, ni los tratos, ni las amenazas funcionan con los niños de esta edad. Para que estas estrategias funcionaran con tu hijo, éste tendría que poseer una capacidad mental que aún no tiene.

Lo que sí funciona es la fijación de límites, la aplicación de un control firme y la puesta en práctica de una rutina. Tan pronto como el niño empiece a sentirse cómodo en su mundo, hará todo lo posible por dirigirlo todo y salirse con la suya. A veces te parecerá que tu hijo está siempre de malas (por ejemplo, cuando empuje a otro niño de su edad en el parque y tú te mueras de vergüenza), pero el niño no es malo ni agresivo a propósito: recurre a la conducta física porque no puede resolver verbalmente lo que siente.

Eso no significa que debas rendirte o hacer la vista gorda, pero tampoco que tengas que cancelar cualquier intento de independencia, por agotador que resulte. En esta fase, no importa que tu hijo se ponga la cara perdida de comida y manche la mesa y el suelo por empeñarse en comer solo. Importa que se sirva de todas las armas de un niño de su edad (gritos, patadas, rabietas) para poner la casa patas arriba e imponer su voluntad. Lo que necesita en este momento son límites claros y la sensación de que hay algo más grande ahí fuera que no puede controlar: tú.

La coherencia empieza a ser realmente importante en esta época. Antes, si tu hijo observaba diferencias en la atención que recibía, no sabía cómo beneficiarse de ellas. Ahora, sin embargo, es consciente de que puede conseguir mucho con un «divide y vencerás». Ésta es una de las primeras estrategias de manipulación que dominan los niños pequeños. La aprenden rápido. Si no presentas un frente sólido o cambias de tono según el ánimo con que te encuentres, tu hijo detectará inmediatamente ese punto débil.

RABIETAS

Es muy improbable que tu hijo pase la etapa de los primeros pasos sin estallar en uno de esos espectaculares numeritos de suelo también conocidos como rabietas. Algunos niños son más dados a las rabietas que otros, como si tuvieran la mecha más corta. Quizá sea parte de su carácter.

La rabieta se produce cuando el niño choca de frente contra el mundo y éste no esquiva el golpe. La pueden desencadenar muchas cosas distintas, pero la verdadera causa es siempre algún tipo de frustración. Tu hijo descubre que no puede hacer algo que quiere hacer porque no dispone aún de las aptitudes necesarias, algo no le sale como esperaba, le impides hacer algo que quiere hacer, pretendes que haga algo que no quiere hacer o sencillamente llega al límite de su aguante emocional. Independientemente de cuál sea la razón, se enciende la mecha y todo explota.

Por si no bastara con las rabietas en el suelo del salón, éstas también pueden producirse en el supermercado, en el coche, en casa de unos amigos, delante de tus padres o en cualquier lugar donde resulte muchísimo más horrible.

Puedes minimizar la frustración que experimenta tu hijo a esta edad, pero no puedes deshacerte de ella por completo; forma parte del proceso de aprendizaje, y tu hijo se encuentra en una etapa en la que está deseoso de aprender. Las técnicas de implicación y otras estrategias similares expuestas en el capítulo titulado «Límites» (pág. 58) pueden resultar útiles para acabar con una rabieta, pero no siempre.

Lo que no debes hacer, cuando la rabieta ya haya empezado, es ceder. Ceder ante una rabieta es la mejor forma de garantizar que después de ésa vendrán muchas otras. Si cedes, le demuestras que la estrategia funciona.

Cuando el niño se encuentra en medio de una rabieta en toda regla, la situación resulta aterradora, tanto para ti como para él. Tu hijo ha perdido literalmente los papeles y se ve invadido por sentimientos de ira. Algunos niños corren y gritan, otros se tiran al suelo, dan patadas y chillan, hay otros que dan cabezazos contra los muebles o incluso contra sus padres.

Las rabietas pueden resolverse como sigue:

- Lo primero es asegurarse de que el niño no se hace daño, ni hace daño a otras personas o rompe cosas.

- Procura mantener la calma. Tu enfado sólo empeorará la situación. Si no estás segura de poder contenerte, sal de la habitación. Lo peor que puedes hacer es devolverle la rabieta.

- No intentes razonar con el niño. No te oye (ni quiere hacerlo).

- A algunos niños se les pasan las rabietas antes si se les abraza fuerte. Con otros, es peor.

- Sal de la habitación, si puedes, cuando estés segura de que no va a hacerse daño ni va a romper nada. Si la rabieta es medio deliberada, como puede suceder cuando un niño algo mayor quiere salirse con la suya, ignorarlo por completo puede dar buenos resultados.

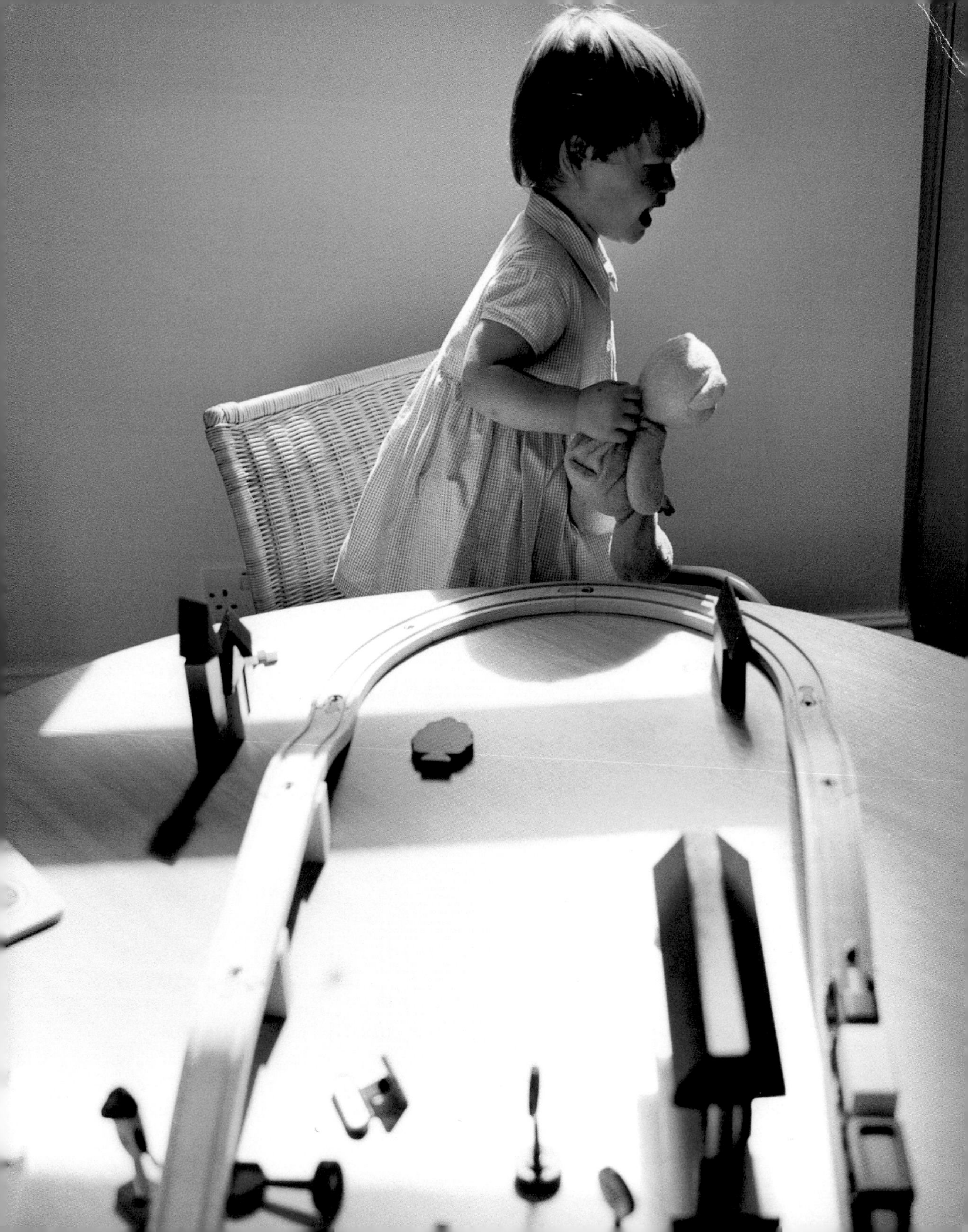

APEGO

La necesidad de independencia constituye un proceso poderoso que empuja al niño hacia adelante. Lo curioso es que, al mismo tiempo, el niño puede ser tremendamente posesivo. No es una época en la que se separe fácilmente de ti. No es muy probable que lloriquee cada vez que salgas de la habitación, como hacía a los nueve meses, pero necesitará saber que estás cerca y no le gustará que lo dejes con alguien a quien no conoce o en quien no confía demasiado.

Aunque no llore cuando te vayas de la habitación, es muy posible que llore, rabie y patalee cuando salgas de casa y lo dejes con una canguro. Algunos niños reaccionan tan mal y se ponen tan histéricos que sus padres prefieren renunciar por completo a su vida social antes que repetir la experiencia. A veces la angustia del niño parece contagiarse a los padres, que se preocupan más de lo normal por lo que pudiera pasar en su ausencia.

La situación puede resolverse como sigue:

- Contrata como canguro a alguien a quien tu hijo conozca y apruebe. No le impongas a una persona extraña.
- Pídele a la canguro que venga pronto para que el niño ya esté entretenido cuando tengas que irte.
- Explícale con calma que vas a salir, pero volverás.
- Dale un beso y un achuchón y dile: «Hasta luego.»
- Vete en seguida.
- Ten presente que las lágrimas seguramente habrán desaparecido tan pronto como dobles la esquina.
- Repite el procedimiento también durante el día (en la guardería o en casa de una amiga) para que el niño pueda ver la pauta.

APRENDER A IR AL VÁTER

El momento lo es todo cuando se trata de aprender a ir al váter. Es un gran error empezar demasiado pronto: después siempre genera problemas. Existe una razón de peso por la que no deberías pensar en enseñarle a ir al váter antes de los dos años o los dos años y medio. Antes de los dieciocho meses, un niño es físicamente incapaz de controlar sus esfínteres o su vejiga. Le cuesta más entender la relación entre causa y efecto. Cuando el niño está listo, tanto física como mentalmente —algo que muy posiblemente no suceda hasta la edad de dos o tres años—, aprender a ir al váter puede resultar fácil y rápido.

Consulta el apartado titulado «Aprender a ir al váter», en la página 104.

El niño en edad preescolar: de los tres a los cinco años

El comportamiento del niño que da sus primeros pasos no se esfuma por arte de magia cuando cumple los tres años; de hecho, muchos expertos consideran que, hasta los cuatro años, el niño sigue estando en esa etapa. El autocontrol va llegando poco a poco, y posiblemente disminuyan las rabietas porque el niño es capaz de razonar mejor, pero no desaparecerán por completo. Además, el proceso de maduración puede verse perturbado por la llegada de un hermanito. De pronto, el pequeño sensato de cuatro años se desvanece y vuelve el niño difícil que acababa de aprender a andar.

No obstante, en algún momento entre los tres y los cinco años, ese niño pequeño empieza a desaparecer: el cerebro ya está más desarrollado, aumenta el autocontrol y el niño actúa menos por impulsos. Tu hijo está aprendiendo a pensar y comienza a jugar con otros niños en lugar de limitarse a jugar a su lado. Sabe esperar (un poco). En general, se encuentra menos encerrado en su propio pequeño mundo y empieza a darse cuenta de que en él también viven otras personas.

Ésta es la edad de las preguntas constantes. El desarrollo del lenguaje varía, pero, a los tres años, muchos niños pueden expresarse con bastante claridad. Si la palabra favorita del niño de dos años es «No», las del de tres años son «¿Por qué?». Los niños de esta edad no sólo hacen muchas preguntas, sino que además les encanta poner a prueba a los adultos y participar en sus conversaciones. Sin embargo, aún no son capaces de razonar correctamente. No esperes que tu hijo siga un argumento lógico o una explicación detallada. Cuando un niño de tres años quiere salirse con la suya, «¿Por qué?» es una versión más compleja de «No». Esto queda patente cuando le das una explicación que conduce inmediatamente a otro «¿Por qué?».

Como la capacidad de razonamiento de un niño pequeño es lo que es, a muchos les cuesta separar la realidad de la ficción o los hechos de las fantasías. Cualquier cosa que se les ocurra se convierte de algún modo en realidad. En torno a los cuatro años puede surgir de la nada un amigo imaginario que existirá durante algún tiempo. A menudo ese amigo imaginario tendrá los mismos gustos y aversiones: «A Binky tampoco le gustan los guisantes.» En ocasiones, Binky tendrá la culpa de las trastadas de tu hijo.

Las invenciones, las fantasías y los amigos imaginarios no significan que tu hijo se esté volviendo un mentiroso; es una fase normal del desarrollo y un signo de una imaginación desbordada. Sin desafiar directamente al niño ni negar sus sentimientos muy reales, puedes empezar a enseñarle poco a poco la diferencia entre lo que es real y lo que no. Enséñale que es bueno decir la verdad y asumir la responsabilidad de sus actos en lugar de culpar siempre a otros, aunque sean imaginarios.

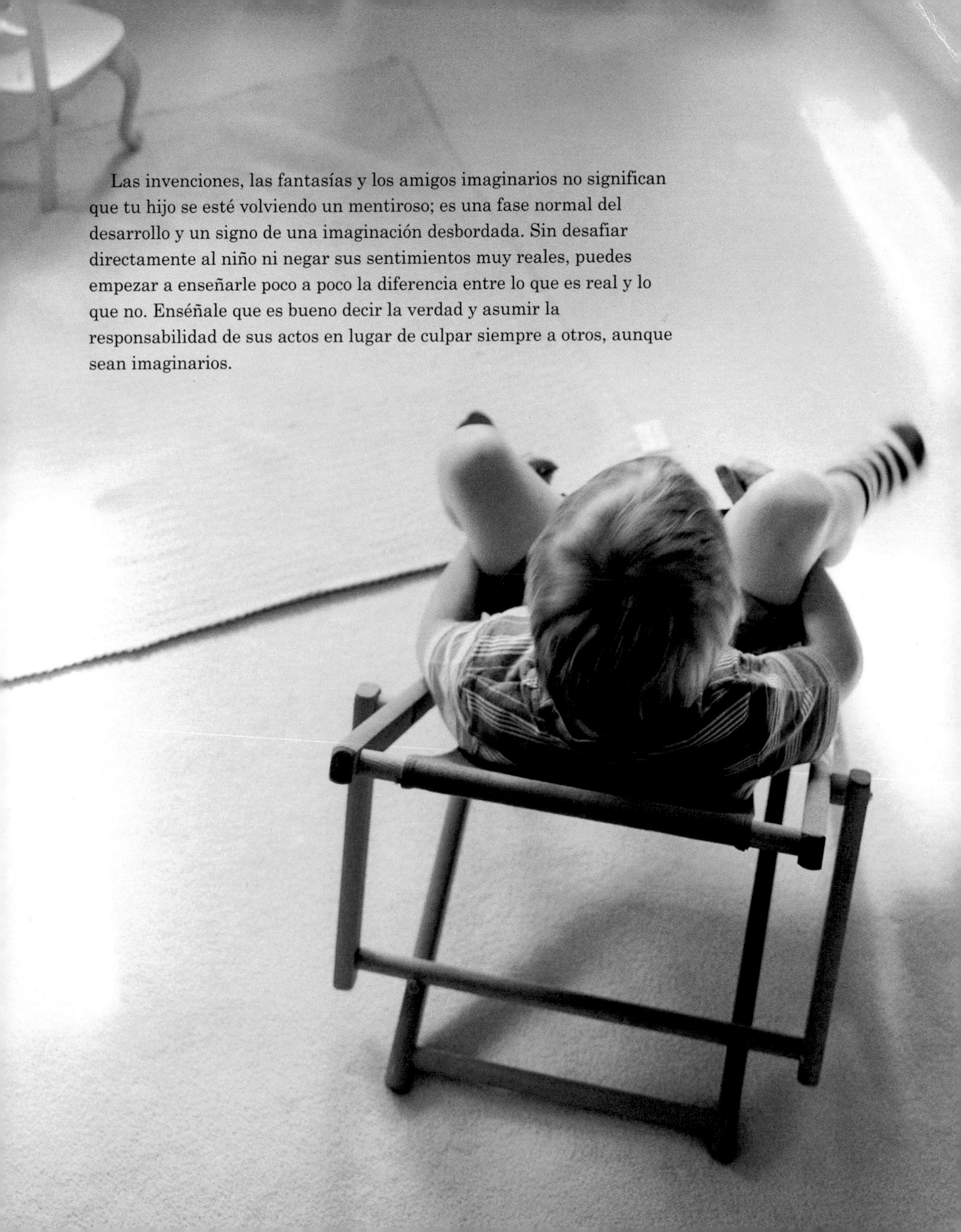

HACER AMIGOS

Uno de los aspectos principales que diferencian a los niños de esta edad de los que acaban de aprender a andar es que empiezan a ser capaces de jugar con otros niños. Cuando un bebé juega, se queda completamente absorto en su propio mundo. Puede jugar contento junto a otro niño un rato e incluso observar cómo juega el otro niño, pero nunca jugará con él.

Para un niño de tres años, la necesidad de compartir tampoco es algo natural, pero, a esta edad, el niño empieza a disfrutar jugando con otros niños, y conviene que aproveches ese cambio. A los cuatro años, el niño comprende algo mejor que los demás también tienen sentimientos como los suyos. Esto termina por cristalizar en una forma mucho más desarrollada de juego compartido.

A los cinco años, tu hijo habrá cambiado muchísimo con respecto a aquel recién nacido que ni siquiera era consciente de su individualidad. A esta edad, el niño no sólo sabe que hay otras personas ahí fuera, sino que además le preocupan sus sentimientos.

Entiende las normas y puede cumplirlas. Es capaz de esperar su turno, puede controlar su comportamiento hasta cierto punto, puede pensar en lo que sucederá si adopta una línea de conducta determinada. Son muchos cambios en sólo cinco años, y eso no es más que el principio.

Puestos de combate

Una de las principales formas de proteger a tu joven especialista es proteger vuestra casa pensando en el niño. Esto te permitirá, además, mantener la cordura. Si tu casa está llena de peligros potenciales, no podrás despistarte ni un segundo. La presencia de objetos valiosos al alcance del niño te obligará a estar en constante alerta. Lo mismo sucederá si en tu casa hay superficies o acabados que por un golpe (o un zumo derramado) se estropean para siempre.

Una vivienda perfectamente acondicionada para un niño podría asemejarse a una celda acolchada llena de juguetes, algo que no resulta práctico ni aconsejable. El niño debe aprender a respetar su entorno y no conviene que te pongas a su nivel sólo para sobrevivir a los años preescolares. Sin embargo, es necesaria alguna estrategia disuasiva: te librará de conflictos innecesarios, te ayudará a evitar accidentes y te ahorrará dinero en reparaciones y reemplazos, así como tiempo y esfuerzo en labores de limpieza.

Si echas un vistazo a tu casa, verás con claridad la cantidad de accidentes potenciales que encierra: cosas rompibles a escasa altura, cables que invitan al pequeño a tirar enérgicamente de ellos, o productos químicos y de limpieza en armarios que pueden abrirse. Pero hasta que no se tienen hijos, no se llega a entender plenamente el extraño funcionamiento de la mente de un niño. Ponte de rodillas e intenta ver el mundo desde su altura.

Por ejemplo, los niños a menudo pasan por una etapa en la que les fascinan las llaves. Las llaves entran en las cerraduras. Las cerraduras se parecen un poco a las tomas de corriente. Las tomas de corriente están a la altura del niño. ¿Entrará una llave en una toma de corriente? ¡Probemos! Por eso se inventaron los protectores de enchufes.

¿Y el reproductor de vídeo? ¿No sería buena idea meter una tostada de pan con mermelada por esa ranura que tiene?

No todos los niños pequeños son diablillos, ni todos son destructivos. Pero todos intentan alguna vez hacer una locura (al menos a los ojos de un adulto) y todos tienen una fase en la que encuentran irresistible la tentación de destrozar algo. Además, aunque el niño pequeño esté lleno de energía y aptitudes físicas recién descubiertas, aún no posee un control absoluto de su cuerpo. Tiene accidentes, rompe cosas. ¡Qué le vamos a hacer!

SEGURIDAD:

- A muchos niños pequeños les encanta trepar a las cosas sin tener la más mínima idea de cómo van a bajar o de que corren el peligro de caerse, ni de que la caída podría dolerles. Se cuelgan de las cortinas, mueven sillas y las usan como escaleras. Todas las cosas interesantes suceden a varios metros por encima de sus cabezas: no se les puede culpar. Reduce al mínimo las posibilidades de escalada. No dejes a la vista cosas claramente tentadoras, como por ejemplo dulces en estanterías altas. Si tienes literas, coloca al más pequeño en la de abajo y pon una valla de seguridad en la de arriba. Las librerías deben estar firmemente sujetas a la pared para que no haya peligro de que se les caigan encima.

- Cualquier cosa que cuelgue desde lo alto es una invitación a que el niño tire de ello para ver qué hay al otro lado. No siempre podrás hacer desaparecer los cordones o los cables de alimentación, pero ten los ojos bien abiertos. Aparta los mangos de las sartenes de los bordes de los fogones y, si puedes, usa los fogones de la parte interior.

- Entre los dispositivos de seguridad infantil más útiles se encuentran los cierres o las rejas de ventanas; los protectores de enchufes; los protectores de esquinas para los bordes puntiagudos de mesas y repisas; las alfombrillas antideslizantes para el baño; los cierres de seguridad para los armarios donde se guarden productos de limpieza, productos químicos, medicinas y alcohol; las alarmas de incendios; las vallas para escaleras, y los adhesivos de seguridad para puertas de cristal, vidrieras o similares.

- Otro dispositivo útil es el cubrecables, con el que puede ocultarse todo el cableado del televisor, el aparato de vídeo y el DVD.

- Te ahorrarás tiempo, trabajo, dinero y dolores de cabeza si alejas tus posesiones más preciadas de tu hijo pequeño. No querrás decirle «Eso no se toca» treinta y cinco mil veces al día. Además, no es justo para el niño porque también es su casa.

- Las fundas lavables para sofás y sillas y las alfombras y las cortinas lavables te sacarán de apuros cuando esos deditos pegajosos hagan de las suyas. Protege los tejidos.

- No gastes dinero en superficies y acabados que precisen un cuidado constante. Los cuidados adicionales sólo conseguirán ponerte de mal humor y privar a tus hijos de un tiempo que podrías estar pasando con ellos.

- Tal vez tu hogar te parezca seguro, pero no olvides que la mayoría de los accidentes suceden en casa, no en el mundo exterior donde es más probable que estés en guardia.

Rutinas y normas

Creo firmemente en los beneficios que la rutina aporta a un niño pequeño. La rutina dota a la vida diaria de una estructura clara. Además, te permite organizar las cosas de forma que todo el mundo disponga de un tiempo de calidad propio.

Los niños pequeños funcionan mejor cuando las cosas son predecibles y todos los días suceden más o menos las mismas cosas a la misma hora. Es perfectamente comprensible. Si tu hijo no tiene una hora fija para acostarse, por ejemplo, a veces lo acostarás cuando no esté cansado, y otras, cuando esté rendido. Te parecerá que está jugando cuando, en realidad, lo que necesita es dormir. Para un niño la hora de acostarse es demasiado importante y repercute demasiado en los demás miembros de la familia como para dejarla al azar. Del mismo modo, muchos padres no son conscientes de que los cambios notables en el horario de comidas o la separación excesiva entre éstas pueden hacer estragos en los niveles de azúcar del niño y provocarle cambios bruscos de humor y un cansancio innecesario.

Una rutina te ayudará a satisfacer las necesidades físicas del niño en el momento adecuado: la comida cuando tenga hambre y la cama cuando esté cansado. Es esencial establecer unas horas fijas para las actividades clave. Si todos los días suceden las mismas cosas, el niño sabe qué esperar. Sin una rutina clara cuando puede pasar cualquier cosa en cualquier momento, el niño empieza a sentirse inseguro e irritable. No es de extrañar porque se encuentra en estado de alerta permanente. Cuando el niño espera lo inesperado, no logra relajarse. Posiblemente reciba cada cambio de actividad con una oposición terca o una rabieta porque no esté mentalmente preparado para ello. Por otra parte, una rutina te permite ayudarlo a sobrellevar cada fase, advirtiéndole de lo que viene después, para que no le pille por sorpresa ni tenga la sensación de que las cosas se hacen apresuradamente.

Las rutinas proporcionan coherencia a la vida familiar. Además, necesitas un conjunto de normas previamente acordado. Para poder exigir a tu hijo determinados patrones de conducta, debes decidir primero lo que es aceptable y lo que no, y después mantenerte firme en tu postura. Si quebrantas las normas o cambias de objetivos constantemente, tu hijo no tendrá ninguna referencia de qué esperas de él y no te tomará en serio. «¿Me vas a castigar por esto, o no?» Cuando las normas cambian continuamente o no se aplican con coherencia, el niño suele interpretarlo como una oportunidad de oro para hacer lo que le plazca.

Cómo confeccionar un horario

La actividad de la vida cotidiana ya es suficientemente febril por sí sola. Si además se tienen niños pequeños, uno puede llegar a pensar que no hay bastantes horas en el día para satisfacer las necesidades de cualquier ser humano, menos aún las propias. La solución es priorizar.

Tan pronto como los padres empiezan a angustiarse por la falta de tiempo, terminan recortando el tiempo que reservan para sí mismos, para su vida en pareja y el que dedican a sus hijos mayores, e intentan ganar tiempo llevando a sus hijos pequeños precipitadamente de un sitio a otro. Resultado: nadie está contento.

Cuando no tienes tiempo suficiente para ti ni para estar a solas con tu pareja, el resentimiento se acumula y el matrimonio se tambalea. Si tus hijos mayores tienen la sensación de que no les haces caso, culparán a sus hermanos pequeños y empezarán a tenerles celos o a portarse mal para recordarte que están ahí. Además, en el mejor de los casos, el niño que va de un lado a otro como una pelota se negará tercamente a hacer lo que le pidas; en el peor, te montará una pataleta.

La confección de un horario o una rutina doméstica te permite controlar las necesidades de todo el mundo y darle a tu hijo pequeño un marco de acción definido que le inspire seguridad. A algunos padres no les gusta la idea de la rutina porque piensan que es demasiado rígida. Sin embargo, en una rutina tiene mayor cabida la diversión, porque elimina buena parte del estrés que produce la administración de un tiempo limitado. Cuando una actividad no se come el tiempo asignado a otra, nadie sale perdiendo. De pronto, todo dejará de parecer tan precipitado y caótico. Descubrirás que vuelves a tener tiempo para respirar. Te sentirás en la cima de la vida, no aplastada por su presión.

En *Supernanny* escribimos la rutina y las normas domésticas de cada familia y las pegamos en la puerta de la nevera. No es necesario que hagas eso. Busca la pauta de tu propia familia, memorízala y atente a ella en la medida de lo posible.

CONSEJOS DE PROGRAMACIÓN:

- Las horas de las comidas y las horas de sueño son las piedras angulares de tu rutina. Soy partidaria de que los niños pequeños coman y cenen pronto.
- La finalidad de la rutina es ayudarte a hacer las cosas en un tiempo razonable. Si tardas demasiado, por ejemplo, en llevar a tu hijo pequeño del baño a la cama, te quedarás sin noche para ti. Si no le dedicas suficiente tiempo, a tu hijo le costará más relajarse. Los niños siempre perciben las prisas.
- No seas demasiado rígida. Un margen de media hora no supondrá una gran diferencia.
- Sé realista. Si tu hijo siempre tarda mucho en vestirse, concédele tiempo suficiente para esa actividad. No tires piedras sobre tu propio tejado.
- En verano, conviene que retrases media hora el momento de acostarse. A los niños les cuesta irse a dormir cuando aún es de día.
- Dedica a cada uno de tus hijos un momento de atención individualizada, y haz turnos con tu pareja. Un día será mamá quien bañe al pequeño y papá quien le lea un cuento y lo lleve a dormir; al día siguiente, al revés. Si eso no es posible, procurad turnaros durante el fin de semana.
- Reserva tiempo para ti y tu pareja. No se trata de un extra opcional, sino de algo imprescindible. ¿A que lo necesitas?

HABLA CON EL NIÑO

Cuando hayas diseñado un horario —tanto si lo tienes sólo en mente como si lo has escrito y lo has pegado en la nevera— tendrás que explicárselo a tu hijo, todos los días y en todas las fases del día.

Los niños pequeños tienen períodos de atención más cortos, porque no recuerdan las cosas mucho tiempo. No saben las horas. No pueden leer la rutina que hay pegada en la nevera ni, por supuesto, leerte el pensamiento. La rutina sólo funcionará si la respaldas verbalmente, una y otra vez. De lo contrario, el paso de una actividad a otra seguirá siendo una sorpresa. Tú sabes que faltan cinco minutos para la hora del baño, pero tu hijo no lo sabrá a menos que se lo digas.

Posiblemente te sientas como un reloj parlante, pero esto es fundamental para que la rutina funcione. No dejes que el sonido de tu propia voz repetitiva llegue a irritarte. Ofrécele a tu hijo advertencias claras, relajadas y reiteradas sobre cada nueva actividad y deja pasar unos minutos entre advertencias. De este modo, el niño —que básicamente sólo entiende el «ya»— podrá prepararse para lo que viene y sentirse implicado en el desarrollo del día. Así será menos probable que se resista tercamente a hacer lo que le pidas o que intente salirse con la suya.

«Dentro de cinco minutos nos vamos al parque. Vamos a por tus zapatos.» Emociónate ante la perspectiva. Los niños son muy sensibles al tono en que se les habla.

«Mamá va a buscar la toalla. Dentro de dos minutos, tienes que salir del baño.»

Debes ir contándole lo que va a suceder a lo largo del día, pero lo que nunca debes hacer es darle a elegir. Es: «Vamos a ponerte los zapatos», no «¿Quieres ponerte los zapatos?» o, incluso peor, «¿Qué zapatos quieres ponerte?». No pasa nada por dar a elegir a un niño entre dos alternativas aceptables, pero si le presentas múltiples opciones, entenderá que no sabes lo que haces (si no, ¿por qué preguntas?) y, por consiguiente, tomará las riendas.

Ocurre lo mismo si haces tratos con el niño. No le digas: «Si te pones los zapatos, nos vamos al parque.» Dile: «Cuando te pongas los zapatos, nos vamos al parque.» Quizá la diferencia entre un modo u otro de decir las cosas parezca sutil, pero los resultados son bien distintos. Si le hablas así a tu hijo, a la larga te ahorrarás mucho tiempo y esfuerzo. Cuando los padres están ocupados, tienden a hablar a sus hijos en tono angustiado y a darles instrucciones casi militares: «A la cama, ya», algo que no deja espacio para la maniobra y acorrala al niño. Para un niño, una voz angustiada es sinónimo de pánico. El niño capta inmediatamente los signos de que estás rendido y suele intentar aprovecharse de la situación, con otra rabieta, si hace falta. Si mantienes la calma y te tomas la molestia de advertirle de lo que viene después, sabrá que tú mandas.

UN AMBIENTE TRANQUILO

Una rutina establecida elimina el caos de la vida cotidiana y te permite administrar tu tiempo de forma adecuada. Tan pronto como pongas en marcha una rutina, todo empezará a parecer más tranquilo alrededor.

Además, el que las cosas estén razonablemente ordenadas contribuye a mantener la estabilidad doméstica. Si todo está hecho un desastre, perderás mucho tiempo poniendo la casa patas arriba para encontrar el pijama o los zapatos de tu hijo. El caos siempre pone nerviosos a los niños y les induce a pensar que no hay necesidad de respetar el entorno. El problema, como es lógico, es que ellos son responsables de la mayor parte del caos. Consulta las formas de hacer frente al desorden en la página 153.

El exceso de ruido también puede irritar a los niños pequeños, aunque sean ellos los que más gritan y chillan. No incrementes el nivel de ruido innecesariamente subiendo el volumen del televisor o poniendo muy alto el volumen de la radio.

Entre el año y el año y medio, muchos niños experimentan una especie de terror repentino a los ruidos fuertes. Los aspiradores, los robots de cocina y los fuegos artificiales son algunas de las cosas que pueden desatar ese miedo. Esta fase es pasajera, pero, mientras dure, tendrás que elegir bien el momento de encender el exprimidor. Una vez cuidé de una niña que le tenía pánico a la licuadora. Solía subirla al sofá, a tres metros de distancia, le advertía que iba a usar la licuadora, la encendía y la apagaba rápidamente un par de veces para que pudiera acostumbrarse a la idea y después la usaba. Cuanto más cerca se encuentre el niño de la fuente del ruido, más se asustará.

Normas

Imagina que tuvieras que jugar a un juego cuyas normas conociera todo el mundo menos tú. No podrías participar y te frustraría mucho.

Ahora imagina que tuvieras que jugar a un juego cuyas normas cambiaran continuamente:

Si aciertas, ganas 300 euros.

Si aciertas, pierdes 300 euros.

Si aciertas, no pasa nada.

Pronto inventarías tus propias reglas. Intentarías participar por cualquier medio que estuviera a tu alcance.

Los niños hacen lo mismo. Si no les dices cuáles son las reglas (lo que esperas que hagan), no pueden empezar a cumplirlas. Si les impones una norma y luego la cambias, cuando te veas en un apuro no te tomarán en serio. Si estableces normas imposibles de cumplir, te enfrentarás a disputas interminables e innecesarias. Y eso no es justo para el niño.

SÉ REALISTA

Las normas son límites que el niño necesita. No sólo deben ser coherentes, sino que además deben ser un reflejo de lo que realmente puedes esperar del niño a esa edad. Por ejemplo, no tiene sentido esperar que un niño que acaba de aprender a andar recoja las cosas como un adulto: de momento, sólo está programado para generar lo que para ti es caos y desorden. La solución no es fijar una norma de limpieza que no puedas aplicar, sino no dejarlo que juegue con materiales que ensucien salvo que haya un adulto con él: si consigue echarles el guante a los rotuladores en tu ausencia, sólo tú serás culpable de que decore las paredes con sus «obras de arte».

Uno de los errores que más frecuentemente cometen los padres es esperar de sus hijos un nivel de entendimiento muy superior al que le correspondería por su edad. También puede suceder lo contrario: algunos padres siguen viendo a sus hijos como bebés mucho después de que los niños hayan superado esta etapa. Les cuesta aceptar que sus hijos han crecido, sobre todo los más pequeños. Otros padres tratan a sus hijos como si fueran bebés porque así les resulta más fácil cuidarlos.

Posiblemente te parezca que fue ayer cuando lo trajiste de la clínica o el hospital, pero, a los dos o tres años de edad, tu hijo necesita que lo traten de forma muy distinta. Estará desesperado por hacer las cosas él solo y se resistirá enormemente si insistes en tratarlo como a un bebé y no lo dejas que experimente con tareas sencillas como comer solo. Será muy pequeño para hacerlo bien, pero te ahorrarás conflictos innecesarios si le permites expresar su independencia con cosas que no hagan daño a nadie. Necesita aprender. No se lo impidas.

No esperes la perfección. Trabaja con lo que tienes. Sé realista y no empujarás a tu hijo al fracaso.

SÉ COHERENTE

Muchos padres improvisan normas. Eso está bien; en algunas circunstancias, hay que hacerlo. El problema surge cuando cada miembro de la pareja establece sus normas sin consultarlo con el otro. El resultado suele ser la incoherencia. Merece la pena que busquéis tiempo para sentaros a debatir un planteamiento común. ¿Qué tipo de comportamiento consideráis aceptable? ¿Qué estáis dispuestos a tolerar? ¿En qué diferís? Es esencial que lleguéis a un acuerdo para que tengáis un conjunto de normas que todo el mundo pueda cumplir. Si mamá y papá no presentan un frente sólido, los niños en seguida encontrarán el modo de enfrentarlos emocionalmente.

Si tu pareja y tú tenéis ideas muy distintas sobre cómo esperáis que se comporten vuestros hijos, pronto os resultará imposible lograr que se cumpla ninguna norma, ya sea buena, mala o regular. Hablar las cosas puede ayudaros a airear lo que haya tras los distintos planteamientos. Quizá a ti te educaron en un ambiente más estricto que a tu pareja, o viceversa. Posiblemente eso nunca haya tenido importancia hasta ahora. Pero la llegada de un hijo puede poner de manifiesto diferencias entre tu pareja y tú que hasta ahora no habíais detectado. Independientemente de cuáles sean tus expectativas individuales, ha llegado el momento de aclararlas y encontrar un planteamiento común.

Seguramente, el progenitor que pase más tiempo con el niño tendrá una idea más clara de lo que el niño es capaz de entender y de qué normas son más adecuadas para su edad. Por la misma razón, también es posible que sea el que está más harto de las incesantes exigencias de un niño difícil y no pueda ver la situación con objetividad. Abre las líneas de comunicación y mantenlas abiertas, de modo que no sólo puedas manejar la situación actual, sino también prever los cambios que se avecinen.

COMPORTAMIENTO INACEPTABLE

Ciertos tipos de comportamiento son del todo inaceptables. Quizá tu hijo sea demasiado pequeño para entender el porqué, pero debes comunicarle, de forma clara y resuelta, que hay cosas que no está permitido que las haga. En la categoría de lo «estrictamente prohibido» se encuentran las conductas que hacen daño a otras personas (pegar, morder, dar puñetazos, empujar, insultar) y las que podrían poner en peligro al propio niño (como desabrocharse el cinturón de seguridad o no darte la mano para cruzar la calle). Cuando el niño es muy pequeño, estos comportamientos suelen ser irreflexivos e impulsivos, pero tan pronto como empiece a dar muestras de hacerlo a propósito, será necesario un control firme y el cumplimiento de ciertas normas. Si no le enseñas a tu hijo que no debe pegarte ni debe pegar a sus hermanos, pensará que también puede pegar a desconocidos y otros niños fuera de casa. Es un problema moral.

MENOS ES MÁS

Cuando se trata de establecer normas domésticas para niños pequeños, es preferible que sean pocas pero claras. Si tienes una norma para prácticamente cualquier cosa, pasarás más tiempo haciendo de policía que de padre o madre. Un niño pequeño no distingue entre una norma importante («pegar a la gente está mal») y una sin importancia («no comas chicle con la boca abierta»). Cuando sea muy pequeño, olvídate de las travesuras menores y céntrate en las cosas grandes. Atar corto a tus hijos constantemente le quita toda la emoción a la vida familiar e incrementa la tensión. Los niños pequeños ya se frustran bastante con el curso normal de los acontecimientos cotidianos; no les proporciones más oportunidades de frustración o te verás envuelta en una verdadera batalla.

A medida que el niño se vaya haciendo mayor y consiga adaptarse a las normas establecidas, podrás crear otras nuevas más acordes con su edad. Avanza con tu hijo al ritmo de su desarrollo.

Uniformidad de criterio

Unas directrices claras (una rutina cotidiana y unas normas domésticas preestablecidas) resultan de gran ayuda cuando se comparte con otros el cuidado de los niños. No sólo tienen que ponerse de acuerdo mamá y papá para seguir más o menos el mismo horario, sino que también deben hacerlo los abuelos, las canguros y las niñeras.

Antes de dejar a tu hijo al cuidado de otras personas, dedica algún tiempo a explicarles bien lo que deben hacer y cuándo, y qué tipo de comportamiento consideras aceptable y cuál no. Los niños se confunden cuando se ven expuestos a cambios continuos en el modo de hacer las cosas. Quizá la abuela sea mucho más estricta que tú y le obsesionen los buenos modales, o tal vez sea mucho más transigente y les dé a sus nietos todos los caprichos, algo que jamás habría hecho contigo. Tienes que explicarles cómo haces las cosas para que tu hijo pueda disfrutar de cierta estabilidad.

Por otra parte, conviene que dejes que cada persona desarrolle su propia relación especial con tu hijo, siempre que lo que hagan no mine tus esfuerzos. Los abuelos a menudo disfrutan del papel de blandos y pocos pueden resistirse a la tentación de consentir a sus nietos. No les prives de eso; después de todo, se lo merecen.

Una cosa es dejar a tu hijo un rato al cuidado de otras personas, pero, si tienes que volver a trabajar y contratas a alguien para que lo cuide todo el día, será esencial que lleguéis a un acuerdo sobre las normas y las rutinas básicas. Los padres, sobre todo las madres que trabajan, a menudo se sienten muy culpables cuando dejan a sus hijos al cuidado de otros. A veces eso da lugar a una relajación de las normas por parte de los padres cuando vuelven del trabajo. Pero no le haces ningún favor a tu hijo si cedes con el fin de superar tus propios sentimientos de culpa. Necesita pasar tiempo contigo cuando vuelves a casa, pero no hace falta que tires el libro de normas por la ventana. Estará mucho más contento y se sentirá mucho más seguro si tiene la sensación de que todos los que cuidan de él lo hacen del mismo modo. Cuando uno de los padres se salta las normas, está siendo injusto con la persona que cuida del niño, que tendrá que atenerse a las consecuencias al día siguiente. Procura encontrar un momento para comentar con esa persona lo sucedido durante el día.

Cómo hacer frente a los imprevistos

Da igual lo organizado que seas y lo bien programada que esté tu rutina diaria, habrá ocasiones en que las cosas sean menos previsibles. Algunos imprevistos son inevitables: las enfermedades y las fases de dentición entran en esta categoría. Otros son evitables o puedes tomar precauciones para reducir su impacto.

Las rutinas no tienen que ser inamovibles. No pasa nada por suavizar un poco la rutina los fines de semana y dejar que los niños trasnochen un poco el sábado, pero prepárate para ser fuerte el domingo.

Evita la programación de acontecimientos que pudieran tener un efecto desbaratador en la rutina de tu hijo. Por ejemplo, no lleves invitados a casa en momentos que puedan afectar a las comidas o a las horas de sueño de tus hijos. A los niños pequeños les cuesta separarse de sus padres o prescindir de su atención, y algunos se muestran muy tímidos con personas a las que no conocen o no conocen bien. Si va a suceder algo extraordinario, dedica algún tiempo a explicarle a tu hijo lo que puede pasar.

Las rutinas suelen irse al traste en vacaciones. Una quincena fuera de casa no es mucho tiempo para un adulto, pero a un niño pequeño puede parecerle una eternidad. Si abandonas por completo la rutina en vacaciones, cuando vuelvas a casa, tu esfuerzo anterior no habrá servido para nada. Ir de vacaciones puede desbaratar los hábitos de sueño de tu hijo e incluso provocar un problema de sueño si no existían hábitos anteriores. La solución no es quedarse en casa, sino planificar con antelación el modo de ajustarse a la rutina. Conviene mantener, en la medida de lo posible, las horas de las comidas y de las siestas.

FUERA DE CASA:

- Ten presente que si eliges un destino de vacaciones demasiado lejano tendrás que hacer frente a las alteraciones derivadas de un viaje largo, además del *jet lag* si hay un desfase horario importante. Los niños pequeños sufren el *jet lag* igual que los adultos. Necesitarán unos días para adaptarse.

- Mantén las horas clave de tu rutina en la medida de lo posible: los paseos, las comidas, el baño y las horas de sueño son las piedras angulares del programa. Las actividades y el sitio serán inevitablemente distintos, y eso ya es suficiente cambio para prácticamente cualquier niño.

- Si hace calor, no te extrañe que tu hijo pierda el apetito. No le des demasiada importancia y procura que beba suficiente agua.

- Lleva contigo objetos y juguetes que le recuerden a casa y lo ayuden a sentirse cómodo en una cama extraña. Si hay algo que le encante comer, llévate de vacaciones provisiones de ese alimento. No olvides las medicinas, los remedios básicos y la leche en polvo por si no la encuentras en tu destino.

Límites

Las rutinas y las normas domésticas son importantes para los niños pequeños, pero esta estructura básica sólo puede mantenerse con la ayuda de disciplina.

Casi cualquier tema que esté remotamente relacionado con el niño y su cuidado (desde cuánto rato debe ver la tele hasta qué debe comer y qué no) tiende a provocar un acalorado debate en los medios. Pero la más controvertida de todas esas cuestiones es, sin duda alguna, la de la disciplina.

¿Cuándo se es demasiado estricto? ¿Cuándo no se es lo suficiente? Podría pasarme un día entero debatiendo estas cuestiones. Pero hay una cosa que tengo clara: los padres pierden su autoridad cuando ceden para convertirse en colegas de sus hijos. La disciplina consiste en encontrar ese punto de equilibrio en que eres cariñoso con tus hijos pero firme cuando tienes que serlo. Eso implica respeto por ambas partes.

Si eres demasiado duro con tus hijos, correrás el riesgo de cortarles las alas. Pero si no estableces ningún tipo de límite, tus hijos no sabrán controlarse. Tarde o temprano, normalmente en el colegio, esos niños se enfrentarán a un entorno distinto al del marco familiar, donde la ausencia de autocontrol agravará el problema: podría repercutir en la capacidad de aprendizaje del niño o derivar en la imposibilidad de hacer amigos.

Sería lógico pensar que un niño al que se le permite hacer siempre lo que quiere debería ser un niño feliz y

despreocupado. Pero no es el caso. El niño que siempre se sale con la suya piensa que es él quien manda. Esa idea puede provocarle confusión. El exceso de libertad no es una forma de decirle al niño que quieres que lo tenga todo, sino de demostrarle que te da igual que sepa dónde están los límites. Los niños que no están sujetos a una disciplina a menudo se sienten aterrados, inseguros, enfadados, confundidos e infelices. No tienen ni idea de adónde se dirigen y eso les disgusta. Aunque consigan lo que quieren, o lo que creen que quieren, siguen sin estar contentos, pero continúan intentando saltarse los límites para ver si hay algo que estés dispuesto a impedirles hacer o tener.

En la primera temporada de *Supernanny* estuve en una casa en la que el cabeza de familia era un niño de dos años y medio. Charlie era literalmente quien llevaba la batuta del hogar. Si Charlie quería que la familia (papá, mamá y sus dos hermanos) estuviera sentada a oscuras, con la televisión apagada y sin encender la chimenea, así se hacía. Charlie se salía siempre con la suya, todos los días, pero eso no lo hacía feliz. Cuanto más cedían sus padres a sus caprichos, más chillaba y gritaba. Tras poner en práctica unas cuantas técnicas de disciplina, junto con una nueva rutina, un conjunto de normas domésticas previamente acordadas y muchos elogios y palabras de ánimo, Charlie se convirtió en un niño completamente distinto. En lugar del pequeño enfadado que no tenía ni idea de qué hacer con la libertad que le habían dado, empezó a ser un niño relajado, feliz y seguro, que sabía que podía participar en la vida familiar sin necesidad de ser el protagonista de la película.

No le darías las llaves del coche a tu hijo pequeño para que fuera de compras, pero haces algo bastante parecido si en el transcurso de la vida diaria dejas que decida quién hace qué, cuándo, dónde y cómo. Del mismo modo que le faltan unos años para sacarse el carné de conducir, aún no tiene la capacidad de razonamiento ni el sentido común necesarios para dirigir su propia vida, menos aún la tuya.

Mi experiencia me ha enseñado que muchos padres que empiezan por no imponer ninguna norma, a menudo terminan cambiando de opinión cuando las cosas se les van de las manos. Entonces descubren que no disponen de muchas técnicas. Una vez establecida una pauta de mal comportamiento, cuesta mucho cambiarla. Pero, sorprendentemente, puede hacerse sin demasiado sufrimiento. De esa forma, no sólo los Charlies de este mundo son más felices y están más relajados, sino que el cambio beneficia también al resto de la familia.

Cómo encontrar el planteamiento adecuado

Todos los niños tienen su propia personalidad, que se hace evidente desde el primer momento: están los inquietos —que no duermen mucho y se enteran de todo lo que sucede a su alrededor—, los tranquilones —que se dejan llevar—, y los que tienen un carácter más fuerte. No puedes prever el tipo de hijo que tendrás, pero puedes adaptar tus métodos a la nueva personita que ha entrado en tu vida. Algunos no necesitarán tanta firmeza como otros, pero no olvides nunca que la disciplina no consiste en pisotear la personalidad de tu hijo, reprimirlo o intentar convertirlo en alguien que no es. Se trata sencillamente de permitir que el niño sea él mismo dentro de los límites de un comportamiento aceptable.

Tendrás más posibilidades de éxito si te sientes cómoda con el tipo de disciplina que adoptes, pero si eres uno de esos padres a los que les cuesta asumir el mando, no renuncies por completo a la disciplina. De las diversas técnicas que te presentamos en este capítulo, algunas funcionarán mejor que otras en tu caso. No te desanimes si una técnica te resulta poco natural al principio. Cuando tienes hijos, a veces te ves obligado a desempeñar un papel concreto. Con la práctica irás cogiéndole el tranquillo.

AMOR Y RESPETO

Es importante que entiendas que tu hijo no te querrá menos porque trates de imponerle cierta disciplina. Quienes piensan que la disciplina es sinónimo de castigos severos se equivocan. La disciplina consiste en enseñar a tu hijo cómo comportarse y ponerle límites. Conlleva tantos elogios y palabras de ánimo como firmeza y control.

Hasta en los hogares más caóticos que he visitado, siempre ha habido mucho afecto entre los miembros de la familia, pero en ocasiones faltaba respeto. Si un niño no respeta a su padre o a sus hermanos, trasladará esa misma actitud a otras situaciones (cuando conozca a otros niños o cuando empiece a ir a la guardería o al colegio) con resultados potencialmente explosivos. En una buena relación entre padres e hijos hay amor y respeto por ambas partes.

Cómo hablar con tu hijo

Has tenido una mala mañana. Tu hijo pequeño te ha tomado el pelo y ahora anda como un loco por el cuarto de estar. «¡Basta ya! —le dices. No te hace ni caso—. ¡Deja eso ahora mismo! ¡NO! ¡No toques eso! —Tus palabras se las lleva el viento—. ¿No me has oído? ¡Deja eso AHORA MISMO!»

¡Basta ya! ¡Basta ya! ¡Basta ya! ¡No toques! ¡No toques! ¡No toques! Si le gritas al niño de forma tan insistente, sólo le comunicas una cosa: que estás harta. Si tu hijo ha estado intentando captar tu atención portándose mal, en ese momento, sabrá que lo ha conseguido.

Con chillidos y gritos constantes no conseguirás mejorar el comportamiento de tu hijo. Tanto para él como para ti es mucho más desagradable que una actitud disciplinaria sensata, y eleva la temperatura emocional al punto de ebullición. ¿Quién ha perdido el control ahora?

Estudiemos el extremo opuesto. Supongamos que te enorgulleces de no ser el tipo de padre que pierde la calma. Jamás se te ocurriría chillarle o gritarle a tu hijo, sino que le dices cosas del estilo de: «Por favor, no hagas eso» o «Vamos, hijo, no hagas eso», y sonríes.

Pero tampoco sirve de nada.

El primer paso para aprender a imponer disciplina a tu hijo es aprender a hablar con él.

GENERALIZA

Cuando hablas con niños, ellos no se centran en lo que dices. De hecho, es muy posible que les pase completamente desapercibido si usas palabras largas o lo complicas demasiado. Por el contrario, los niños asimilan el conjunto: el tono de voz, el lenguaje corporal, y la inseguridad, preocupación o angustia que reveles. Tienen unas antenas muy potentes. A veces creo que tienen un sexto sentido del que los adultos nos hemos olvidado por completo.

Generaliza cuando te comuniques con tu hijo. Exagera tus gestos. Es una especie de interpretación teatral. Muchos padres lo hacen de forma instintiva, pero a otros les da vergüenza o se sienten ridículos. Olvídate de tus inhibiciones: muéstrate seguro de ti mismo y juguetón cuando hables con tu hijo y cuando respondas a lo que te diga. En ocasiones, referirse a uno mismo en tercera persona a veces puede ayudar a hacer más fluido el diálogo: «Mamá te va a lavar las manos ahora.»

LA VOZ DE LA AUTORIDAD

Cuando tu hijo haga algo malo, debes hacérselo saber con la voz de la autoridad:

- Acércate a tu niño. No le grites desde el otro extremo de la habitación.

- Ponte a su altura para no intimidarlo con la tuya. Agáchate para poder mantener un contacto visual directo con él. No vas a darle órdenes desde arriba para que finja no haberte oído.

- Sujeta al niño por los brazos para que no salga corriendo ni interrumpa el contacto visual. Si intenta darte la espalda, dile: «Mírame, por favor.»

- No utilicéis un tono amenazador y no rechinéis los dientes.

- Adopta un tono grave, firme y autoritario. No debes mostrar enfado, ni adoptar un tono amenazador, de menosprecio o de negociación. Debe ser un tono con el que al niño le quede claro que hablas en serio. Debes transmitirle tu disgusto.

- Dile claramente, con calma y con firmeza, qué es lo que ha hecho mal: «Pegar no está bien. No se pega a la gente. No quiero que vuelvas a hacerlo, por favor.»

En ocasiones, milagrosamente, con eso bastará. Los niños pequeños son expertos en captar señales sutiles. Una voz grave y firme, y un lenguaje corporal seguro pueden ser suficientes para que reciba el mensaje.

La voz de la autoridad le comunica al niño que hay límites que no debe sobrepasar. Además te permite distinguir que una cosa es el mal comportamiento y otra el niño como individuo. Eso es esencial. Lo que está mal es el comportamiento, pero eso no significa que el niño sea malo. No le cuelgues etiquetas. No se trata de cantarle las cuarenta para que se sienta completamente inútil, ni aterrorizarlo con una demostración de ira, sino de dejarle muy claro que su comportamiento está mal y que no te gusta.

La autoridad no siempre es algo natural en las personas. Algunos padres tienen que trabajar un poco su propia autoestima para poder imponerse de esta forma. Si existe el más mínimo indicio de duda, tu hijo lo detectará en tu voz. Practica delante del espejo si es necesario.

LA VOZ DE LA APROBACIÓN

¿Cuándo fue la última vez que elogiaste a tu hijo? ¿Cuándo fue la última vez que le diste muestras de aprobación absoluta? Ha pasado media hora y no ha perseguido al gato ni a su hermanito. Se ha acabado (casi toda) la comida. Ha dejado que lo sientes en su silla del coche sin armar un follón. Para un niño pequeño, media hora de comportamiento sin problemas es mucho tiempo. Si no señalas cada uno de esos pequeños logros con tu aprobación, pensará que no te has dado cuenta.

Se ha portado mejor que nunca y no le has dicho nada. ¿Cómo conseguiría llamar tu atención? ¿Qué tal persiguiendo al gato? ¿Vaciándole el bol en el suelo? ¿Pegando a su hermano? Cuando el buen comportamiento no recibe la debida atención, el niño prueba con lo que sabe seguro que da resultado.

No escatimes elogios. El elogio del niño por su buen comportamiento no lo convertirá en un engreído ni en un niño mimado. Y el buen comportamiento no tiene que ser necesariamente algo fuera de lo normal. Puede ser sencillamente la ausencia de mal comportamiento. Muchos padres ven que sus hijos se portan bien y piensan: «¡Vaya! Ahora no se están pegando. Así puedo ponerme a hacer otras cosas.» Y se ponen. Lo que se les olvida es comunicarles a sus hijos que se han percatado de su buen comportamiento y lo agradecen.

Una de las típicas situaciones en las que se pasa por alto el elogio es cuando un niño se está portando bien y el otro está haciendo de las suyas. El buen comportamiento puede ser casi invisible cuando un auténtico tornado está destrozando la sala de estar con el fin de llamar tu atención. Debes hacer frente al mal comportamiento, pero también elogiar la conducta del que está entretenido con sus cosas.

El refuerzo positivo es una parte esencial de la disciplina. Debes conducir a tu hijo hacia el tipo de comportamiento que esperas de él mediante el elogio y el ánimo, y apartarlo del tipo de conducta que no te gusta manteniendo en pie los límites establecidos.

La voz de la autoridad es grave, firme y controlada; la de la aprobación es todo lo contrario. Muchos padres hablan instintivamente a sus bebés en tono alto. Ése es el tono que debes usar para el elogio. Un tono elevado, incluso excitado, comunica tu complacencia. Puedes dar palmas, incluso proferir gritos y vítores.

«¡Buen chico! ¡Te lo has comido todo!» Explícale cómo te hace sentir: «Mamá está muy contenta contigo.»

Un apretón afectuoso en el hombro: «¡Mira lo bien que estás jugando!»

«¡Muy bien! ¡Has ayudado mucho a papá!»

LA VOZ DE LA RAZÓN

Tu pequeño capta muchas pistas. Tiene un entendimiento limitado en muchos aspectos: no puede razonar como un adulto, pero sabe leer entre líneas. Tu tono de voz y tu lenguaje corporal le dirán mucho. Además, sorprendentemente, incluso en el caso de niños muy pequeños, cuyo dominio del lenguaje posiblemente sea muy básico, la forma en que expongas las cosas también afectará al modo en que respondan.

Te puedes ahorrar muchos problemas si escoges bien las palabras con que expresarte. Piensa antes de hablar. Si le propones un trato, él también lo hará. No le supliques a tu hijo: pídele las cosas y díselas. No puedes apelar a su buena voluntad si no se lo pides correctamente. Di siempre «por favor». No cuesta nada ser educado.

Me sorprende constantemente la cantidad de opciones que los padres ofrecen a sus hijos pequeños. Un niño de dos años y medio o tres años no puede elegir de ninguna manera entre seis, ocho o diez opciones. Los niños mayores, de cuatro o cinco años en adelante, pueden empezar a hacer frente a opciones y decisiones sencillas.

Muchos padres detestan tener que decirles a sus hijos lo que deben hacer. Creen que eso los convierte en dictadores, en lugar de los padres cariñosos que quieren ser. En vez de decirle al niño lo que debe hacer, le ofrecen diferentes opciones con la esperanza de que éste los vea amables y cariñosos.

En otras situaciones se ofrecen varias opciones como último recurso para evitar una rabieta. Tu hijo se resiste a que lo vistas. Tú lo interpretas como que no quiere ponerse los pantalones azules. Así que empiezas a ofrecerle opciones para tenerlo contento. «¿Prefieres ponerte los verdes? ¿No? ¿Y los rojos?» Después de repasar todo su vestuario, ya no sabes cómo arreglártelas y el niño sigue sin pantalones.

Que no le permitas elegir no significa que tengas que ser brusca con él, ni escupir órdenes a diestro y siniestro como si fueras un sargento. Puedes transmitirle el mismo mensaje a tu hijo con una combinación de indicaciones claras, que busquen su implicación y elogios oportunos. «¿Te pones los calcetines? Te los puedes subir tú... Muy bien. Ponte los zapatos, que lo vea mamá.»

Hacer tratos con tus hijos es casi tan malo como dejarle elegir. Supongamos que tu hijo pequeño no quiere comer:

- Le dices que si se come CINCO bocados más, le darás una galleta de chocolate.
- Se come un bocado más y te pide la galleta.
- Parece que funciona, pero no tienes todo el día. Le dices que si se come TRES bocados más, le das la galleta.
- Te responde que quiere la galleta ya.
- Ves a dónde te lleva esto, pero no quieres ceder. Le dices que le das la galleta en cuanto se coma DOS cucharadas más. Coges la cuchara y se la llevas a la boca. El niño le da un manotazo y monta la pataleta por la galleta.
- Le dices que no le das la galleta hasta que se tome UNA cucharada más.
- Empieza a gritar iracundo.
- Le das la galleta.
- Él gana. Se ha tomado exactamente una cucharada de comida y una galleta de chocolate, y ahora quiere otra galleta.

Los niños pequeños siempre ganan este tipo de disputas porque, en realidad, no entienden lo que es un trato o una promesa. Lo que agitas delante de ellos a modo de premio es demasiado tentador y harán todo lo que esté en su mano para conseguirlo inmediatamente. Lo que para ti es un trueque, para el niño es una norma que no deja de cambiar (es decir, una norma que, en realidad, no lo es y no hay por qué respetarla).

CÓMO HABLAR CON TU HIJO:

- No le chilles ni le grites. Utiliza la voz de la autoridad para el mal comportamiento.
- Elogia a tu hijo cuando se porte bien.
- Procura hablar con él de forma positiva en la medida de lo posible. En lugar de decirle siempre lo que no quieres que haga, intenta plantearlo de otra forma. En vez de decirle: «No pongas las manos sucias en el sofá», dile: «Vamos a lavarnos las manos, que las tienes sucias. Luego, te puedes sentar en el sofá y te leeré un cuento.»
- No seas brusca ni le des órdenes a gritos. Obtendrás una resistencia inmediata.
- Nunca utilices palabras hirientes ni le pongas etiquetas a tu hijo. Deja bien claro que es su mal comportamiento lo que no te gusta, no él.
- Sé atento y habla con educación.
- Si tu hijo te responde con un grito, no muerdas el anzuelo. Una pelea de gritos no hace bien a nadie. Dile a tu hijo que no te hable así.
- No compares a tu hijo desfavorablemente con sus hermanos y jamás hables de él con otras personas donde pueda oírte. Puede que parezca que no escucha, pero se enterará de todo.
- No le ofrezcas demasiadas opciones a un niño pequeño.
- No hagas tratos con el niño cuando haga una rabieta.
- Sé expresiva. Procura que tu hijo entienda tu lenguaje corporal. Es muy útil un punto teatral y juguetón en la manera de hablar con tu hijo.

Estrategias disuasivas

Las estrategias disuasivas desempeñan un papel importante en el control del comportamiento del niño. Los niños muy pequeños que están empezando a andar se encuentran en una fase en la que son muy impulsivos e inquietos. A esta edad, las técnicas de implicación y estrategias similares funcionan bien. Si lo ves venir y puedes evitarlo, te ahorrarás conflictos innecesarios y agotadores.

- Asegúrate de que tu hogar es seguro y está libre de tentaciones. ¿Por qué desperdiciar tiempo y energía procurando mantener los objetos valiosos fuera del alcance de las manos de un niño pequeño cuando basta con que los suprimas de la escena por completo? Consulta la sección titulada «Puestos de combate», en la página 42.

- Trata de averiguar qué horas del día son las más difíciles e intenta mejorar las cosas modificando tu rutina. Adelantar una comida media hora es mucho mejor que aguantar todos los días media hora de lloriqueo provocado por un descenso de los niveles de azúcar.

- Averigua qué actividades le disgustan más. Si tus intentos por lavarle el pelo a tu hijo conducen inevitablemente a una explosión de furia a la hora del baño y te desmontan la rutina de sueño, reserva otra hora del día para sacar el champú. Seguirá siendo un problema, pero al menos serás tú quien decida cuándo hacerle frente.

- No esperes que tu hijo caiga rendido inmediatamente después de un período de juego bullicioso. Tras haber estado trotando por el parque, no va a entrar en casa y tranquilizarse inmediatamente.

- No lleves al niño precipitadamente de una actividad a otra. Proporciónale advertencias claras a intervalos periódicos sobre lo que viene después, para que tenga tiempo de hacerse a la idea.

- Si existe un juguete o un juego concretos que siempre provoca disputas, prescinde de él por el momento. No dejes que se convierta en una manzana de la discordia cotidiana.

- No busques la perfección ni albergues expectativas poco razonables con respecto al comportamiento de tus hijos. Ten siempre claro lo que esperas de cada fase del juego.

- Si ves que se avecinan problemas, busca una distracción o una disuasión. Llama su atención sobre algo interesante que esté sucediendo fuera: «¿Has visto ese pajarito que hay en el jardín? ¿Qué crees que está haciendo?» O invita a tu hijo a que te ayude con una tarea doméstica. Aprovecha su escaso rango de atención para apartarlo de los problemas.

La técnica de la implicación

La técnica de la implicación es una de mis favoritas. Funciona muy bien con niños pequeños, y puede resultar muy útil a la hora de solucionar problemas de celos, incluso para superar el terrible momento de ir al súper con el niño (pág. 170).

Los niños pequeños necesitan atención. Cuando no la tienen, la buscan. El problema es que el día no tiene horas suficientes para que le prestes a tu hijo pequeño toda la atención que precisa y te encargues de todo lo demás también. Si tienes dos o más hijos, ante la imposibilidad de clonarte, debes buscar otras formas de resolver el problema.

No siempre puedes esperar que un niño pequeño juegue contento mientras tú clasificas la colada, lavas los platos o das de comer a su hermano pequeño. Esto puede funcionar una o dos veces si el niño está de humor para entretenerse jugando, pero lo más probable es que no funcione siempre, sobre todo si al niño ya le duele la atención que le prestas a su hermano pequeño.

La solución es implicar al niño en lo que haces. Para un niño pequeño, limpiar, clasificar, recoger y llevar no es tan aburrido como lo es a veces para sus hermanos mayores. A los niños pequeños les encanta ayudar. Les permite sentirse útiles e incrementa su autoestima. Lo interpretan como un reto que están superando.

Como es lógico, debes ofrecer a tu hijo una tarea adecuada a sus posibilidades, de lo contrario sólo conseguirás alargar la lista de frustraciones propias de su edad, por no mencionar el caos y el desastre que esto provocará. Es muy importante que no lo empujes al fracaso. Pero aunque no puedas pedirle que llene el lavavajillas o pase el aspirador por la moqueta del cuarto de estar, puede ayudarte en muchas otras cosas. Cuando cambies la colcha de una cama, puedes pedirle que te sujete una esquina. Si lavas el coche, ponle un mono y dale su propia esponja y su cubo de agua. Cuando laves verduras, puedes ponerlo a tu lado, subido en una silla, y dejarle que lave una patata o dos. Los electrodomésticos de juguete también son una buena idea. A los niños pequeños les encantan las escobas y los recogedores de juguete. Posiblemente tarde algo más en hacer las cosas y quizá ensucie un poco, pero terminarás haciendo tus tareas y tu hijo se beneficiará de tu atención.

Lo más importante es que, cuando tengas que atender a sus hermanos pequeños, podrás librarte fácilmente de los problemas de celos implicando a tu hijo mayor en la misma actividad. Si le pides que vaya a buscar un juguete o una manopla a la hora del baño o que te ayude a darle de comer al bebé, conseguirás prestarle atención al mismo tiempo que atiendes al hermano pequeño. De esa forma, matas dos pájaros de un tiro.

La técnica de la implicación te permite seguir prestando atención a tu hijo comentándole lo que estés haciendo en un momento dado. Una parte importante de esta técnica es el elogio. Agradece a tu hijo su esfuerzo y dile lo bien que lo está haciendo y lo mucho que te está ayudando.

Cómo imponer disciplina a tu hijo

Cuando tu hijo hace algo realmente inaceptable (y está claro que lo ha hecho a propósito) o toma por costumbre hacer travesuras, debes adoptar medidas adicionales y reforzar tus normas mediante un control firme. Las técnicas que te proponemos en los siguientes apartados son adecuadas para niños mayores de dos años y medio. Salvo que tu hijo sea demasiado avanzado para su edad, ésa es la edad mínima a la que puedes empezar a utilizar estos métodos y obtener resultados satisfactorios. Por debajo de los dos años y medio, la capacidad de razonamiento del niño aún no se ha desarrollado lo suficiente para comprender lo que tratas de enseñarle.

La razón principal del mal comportamiento de un niño de entre dos y cinco años es la búsqueda de atención y reacción. La segunda razón —que, curiosamente, se reduce a lo mismo— son los celos. Un niño pequeño hará prácticamente cualquier cosa para mantener la atención centrada en su persona. Con la llegada de un nuevo hermano, de pronto esa atención se convierte en objeto de una competencia feroz.

Hay dos cosas que debes recordar sobre el uso de cualquier forma de disciplina:

- Sé constante. Mantente firme. No cambies las normas. Los dos miembros de la pareja deben comportarse del mismo modo y apoyarse el uno al otro. Un niño que recibe una reprimenda de uno de los padres irá naturalmente en busca del otro para ver si puede sacarle algo. La técnica del poli bueno y el poli malo quizá funcione en las series policíacas de televisión, pero, cuando se tienen hijos, la falta de coherencia hace imposible la disciplina.

- Actúa inmediatamente. No pospongas la toma de medidas. Los niños pequeños no recuerdan las cosas mucho tiempo. Tu hijo no asociará la reprimenda con su mal comportamiento si transcurre demasiado tiempo entre ambos.

CUÁNDO NO CONVIENE REPRENDER AL NIÑO:

- Cuando el niño esté enfermo o esté recuperándose de una enfermedad. Algunos padres consideran un indicio de enfermedad el que su bullicioso hijo de pronto resulte más fácil de manejar. Otros niños se vuelven irritables cuando están malitos o les están saliendo los dientes. Un niño enfermo necesita un tratamiento adecuado y mucha atención y cariño.

- Cuando exista una duda considerable sobre quién ha hecho qué a quién. Casi todos los niños pequeños son bastante transparentes, y en seguida sabrás cuál ha sido la parte culpable en una disputa sucedida en tu ausencia. Pero si castigas a un niño repetidas veces por algo que no ha hecho, tendrá todo el derecho del mundo a sentirse perseguido y empezará a mentir.

- Cuando esté muy asustado por lo que ha hecho y se sienta realmente arrepentido. Puede que haya roto un jarrón que le has dicho montones de veces que no toque, y el accidente le haya provocado un enorme disgusto. Ya lo ha aprendido por las malas y lo más probable es que no vuelva a hacerlo. (A ti también te está bien merecido, por no poner el jarrón fuera de su alcance.) Acepta el accidente y explícale al niño por qué ha sucedido. Recuérdale las normas y déjalo correr. Si castigas al niño cuando ya está disgustado y arrepentido de lo que ha hecho, le transmitirás el mensaje equivocado.

- Cuando se produzcan acontecimientos extraordinarios. Es lógico que el comportamiento de tu hijo vaya de mal en peor si su mundo se ve completamente desbaratado por una mudanza, el nacimiento de un hermanito, una enfermedad familiar o algo similar. Olvídate de la disciplina hasta que la tensión haya disminuido. Debes compensar el impacto emocional.

- Cuando ya lo hayas castigado. No castigues a un niño dos veces por la misma falta. Si ya lo ha castigado tu pareja o la canguro, no hay nada más que hacer.

La técnica del aislamiento

Esta técnica consiste básicamente en apartar al niño de la escena unos minutos y darle tiempo para que se tranquilice, piense en lo que ha hecho y se arrepienta. Se trata de enseñarle que un tipo concreto de comportamiento inaceptable tiene esa consecuencia. Esto no sólo sirve para que el niño vea de forma clara y eficaz que se ha pasado de la raya y ha incumplido una norma importante, sino que además le resta tensión a la situación. Necesitas ese espacio neutral tanto como él.

El lugar de aislamiento puede ser un peldaño de la escalera, un rincón o una habitación vacía. En las viviendas unifamiliares de más de un piso, me gusta usar un peldaño de escalera porque queda apartado del resto de la casa, pero no tan alejado como para que tengas que estar continuamente subiendo y bajando escaleras de un piso a otro. Si vives en un piso de una sola planta, puedes dejar al niño en un rincón de la habitación o incluso en otra habitación completamente distinta.

Cuando uses una habitación, procura que ésta no ofrezca distracciones ni estímulos al niño. Si dejas al niño en una habitación llena de juguetes o en la que haya un televisor, el ejercicio no tendrá ningún valor. Debe estar en algún sitio donde se aburra y tenga tiempo para pensar. En el primer programa de la emisión estadounidense de *Supernanny* estuve en una casa en la que los padres enviaban a sus dos hijos, de seis y dos años, a su cuarto cuando se portaban mal. El problema de esta solución es que confunde a los niños. No conviene que asocien sus habitaciones con un lugar de castigo, sino que se sientan cómodos y seguros en ellas.

La técnica del aislamiento es lo mismo que muchos educadores infantiles llaman *tiempo muerto*. Personalmente, no creo que a un niño le haga ningún daño saber que, cuando hace una travesura, debe quedarse solo para meditar, pero si te resulta más fácil dar otro nombre a esta técnica, no importa.

Tu celoso hijo de cuatro años le ha dado un empujón a su hermanita y le ha tirado un juguete a la cabeza. Ella ha caído al suelo y lloriquea. Le va a salir un chichón inmenso. Te pones furiosa; quizá estés incluso preocupada y aterrada. Comprueba primero que tu hija esté bien, aguanta el subidón de adrenalina que te impulsa a gritar con todas tus fuerzas y pon en práctica la técnica del aislamiento.

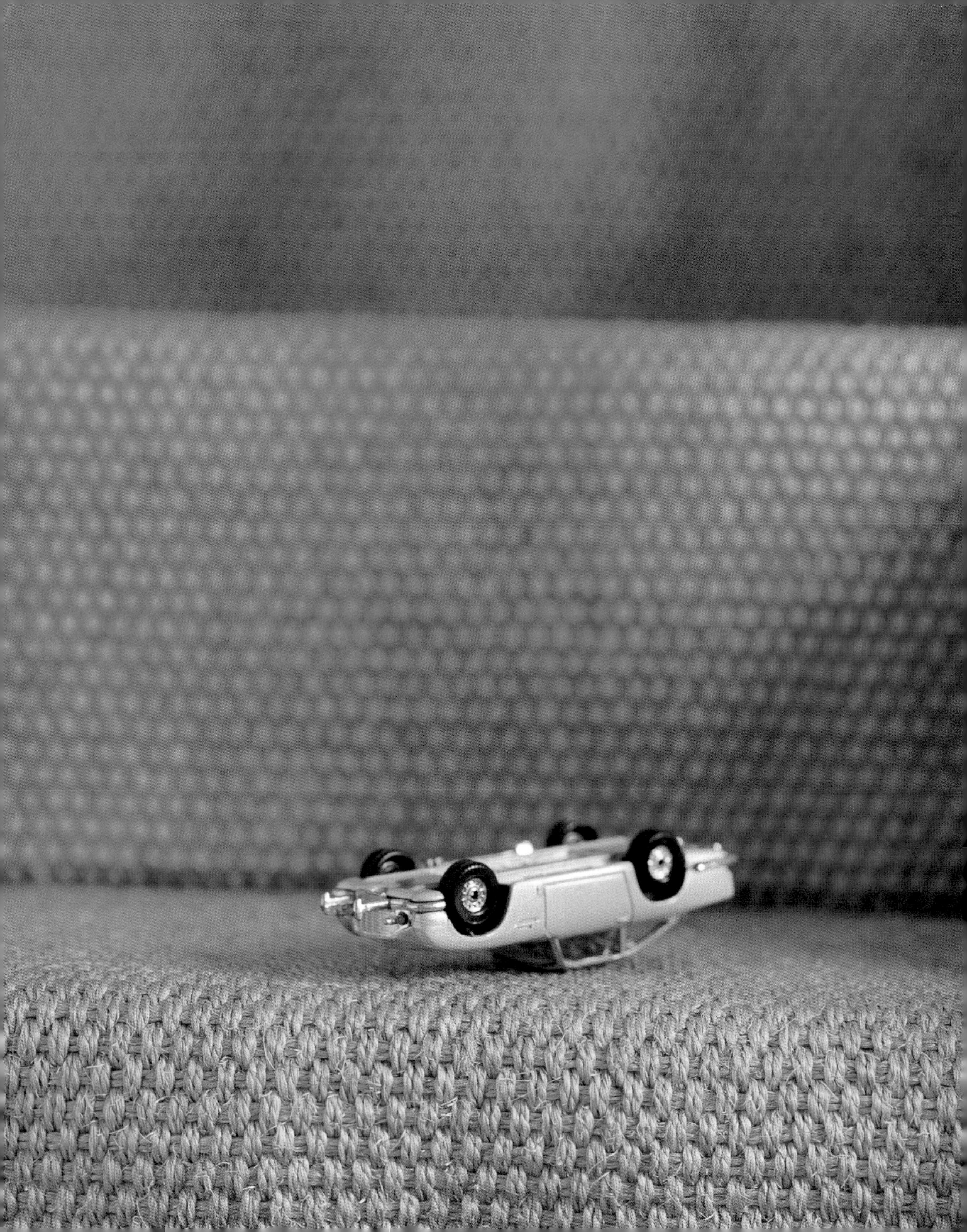

CÓMO FUNCIONA

Esta técnica puede romper el ciclo de mal comportamiento muy rápidamente, pero recuerda que debe haber unanimidad en la pareja. Y no os olvidéis ninguna fase. Las advertencias y las explicaciones son esenciales. Si, llevados por la furia del momento, saltáis directamente a la fase C, pasando por alto A y B, el método no funcionará.

LA ADVERTENCIA Acércate a tu hijo, ponte a su altura y mírale a los ojos. Utiliza la voz de la autoridad para transmitirle una advertencia verbal. Dile: «Ese comportamiento es inaceptable. No se empuja a la gente ni se le tiran cosas a la cara. Está mal. Por favor, no vuelvas a hacerlo.» La advertencia es la fase clave de esta técnica. Le da al niño la oportunidad de corregir su propia conducta. Si omites la advertencia, no le das ninguna otra salida.

EL ULTIMÁTUM Cinco minutos después, tu hijo vuelve a hacer lo mismo. Esta vez, en el mismo tono grave y firme y con el mismo lenguaje corporal seguro, le transmites un ultimátum. Dices: «Te he dicho que no empujes a tu hermana, ni le tires cosas a la cara. Eso está muy mal. No se empuja a la gente. Si vuelves a hacerlo, te vas al rincón.»

EL RINCÓN En cuanto el mal comportamiento se repita, lleva a tu hijo directamente al rincón (o siéntalo en un peldaño de la escalera) y dile que se quede ahí. El tiempo que pase en el rincón dependerá de su edad. Un par de minutos es suficiente para un niño de dos años y medio; cinco minutos es lo más adecuado para niños de cuatro años en adelante.

LA EXPLICACIÓN Al igual que la advertencia, ésta es otra fase fundamental. Antes de dejar a tu hijo solo en el rincón, explícale por qué lo has llevado ahí. Dile: «No se empuja a la gente, ni se le tiran cosas a la cara. Ese comportamiento es inaceptable. Puedes hacer daño a alguien. Te vas a quedar aquí cinco minutos y vas a pensar en lo que has hecho. Cuando pasen los cinco minutos, vendré a buscarte y quiero que pidas perdón. Quédate aquí.»

LA DISCULPA Si el niño se va del rincón a los dos segundos, vuelve a llevarlo a donde estaba y repite la fase de explicación. No lo dejes en el rincón más de cinco minutos. Cuando pase ese tiempo, dile que quieres que se disculpe, pero si vuelve antes de que hayan pasado los cinco minutos y parece sinceramente arrepentido, déjalo que se quede. Debe decir por qué se disculpa. «Lo siento» es un paso en la dirección correcta, pero «Siento haber empujado a mi hermana» es mucho mejor. Muchas veces me preguntan cómo se puede saber si una disculpa es sincera o no. Yo siempre contesto que no es lo que se dice, sino cómo se dice. Creo que si un niño grita «LO SIENTO» con todas sus fuerzas, está claro que la disculpa no es sincera.

EL ELOGIO Cuando se haya disculpado, elógialo por haberlo hecho. Esto es importante. Tienes que demostrarle a tu hijo que lo has perdonado por portarse mal. «Gracias. Así está mejor.» Recupera tu tono de voz normal. Él notará la diferencia.

SE ACABÓ En cuanto el niño se haya disculpado y lo hayas elogiado, da por cerrado el incidente. Invítalo a jugar o participa con él en lo que estuviera haciendo antes. Ya ha recibido su merecido y debe saber que puede empezar de cero.

La técnica de «a la próxima te vas fuera»

La técnica del aislamiento suele obrar maravillas. Sin embargo, en algunos casos, sobre todo si el niño es mayor o el mal comportamiento está más arraigado, puede que tengas que probar con otra cosa.

Si la técnica del aislamiento no funciona, puede ser porque el niño aún esté deleitándose con la atención que recibe, aunque sea negativa. La técnica de «a la próxima te vas fuera» puede romper esta pauta porque le enseña que el mal comportamiento no le garantiza tu atención en absoluto.

Una cosa importante: no utilices esta técnica directamente. No funcionará. Usa primero el rincón (el peldaño de escalera o la habitación vacía) para dejar bien claro quién manda. Si reaccionas al mal comportamiento recurriendo directamente a un «a la próxima te vas fuera», tu hijo pensará que lo estás ignorando y continuará portándose mal para llamar tu atención.

Para uno de los episodios de *Supernanny* visité a una familia cuya madre soltera, Kelly, se esforzaba por controlar de algún modo a sus dos hijos, Sophie y Callum. Los niños no mostraban respeto alguno por la casa, su contenido, los juguetes, su madre, su abuela, ni el uno por el otro. Las peleas, la destrucción y la agresión eran constantes. Tras introducir la técnica del aislamiento y, después, la de la confiscación de juguetes, el comportamiento de Callum mejoró en un período de tiempo increíblemente breve. Sin embargo, Sophie, de cinco años, continuaba siendo muy desafiante y se servía de un comportamiento agresivo para evitar que su madre pasara tiempo a solas con su hermanito. Éste estaba siendo buenísimo, pero sus esfuerzos pasaban inadvertidos mientras Sophie iba arrasando, dando patadas y chillando. Ya habíamos trabajado mucho el control de la voz de Kelly, pero los chillidos de Sophie la sacaban de quicio. Fue esta técnica lo que realmente nos ayudó a resolver el problema.

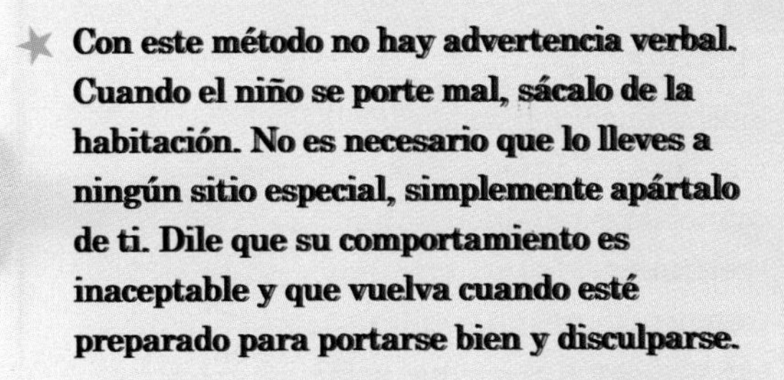

- **Con este método no hay advertencia verbal. Cuando el niño se porte mal, sácalo de la habitación. No es necesario que lo lleves a ningún sitio especial, simplemente apártalo de ti. Dile que su comportamiento es inaceptable y que vuelva cuando esté preparado para portarse bien y disculparse.**

- **Si vuelve a la habitación para desafiarte (que lo hará), vuelve a sacarlo. No le prestes ninguna atención. Dile: «No me interesa.» Evita el contacto visual.**

- **Usa el control de la voz. Dile: «Por favor, sal de la habitación», en voz baja y autoritaria, para no tener que sacarlo personalmente de la habitación siempre que vuelva.**

- Continúa con esta actitud hasta que diga que lo siente. Esto sucederá más a menudo de lo que crees. Privar por completo de atención a un niño que está acostumbrado a tenerla por su mal comportamiento siempre es una verdadera sorpresa para él. Ha tocado absolutamente todas tus teclas y no le has respondido como siempre. No es de extrañar que se sienta abandonado.

- Cuando se haya disculpado, elógialo y pídele que vuelva a unirse al juego.

CONFISCACIÓN DE JUGUETES

La confiscación de juguetes es una técnica disciplinaria pensada más bien para niños mayores. No tiene ningún sentido usarla con los más pequeños, que no entienden realmente el trato que implica. Para empezar, creo que resulta muy útil cuando el problema tiene que ver con juguetes: que el niño sea destructivo, que no respete sus pertenencias o que se pelee constantemente por ellos.

No devalúes la técnica comprándole un juguete nuevo por portarse bien. Eso le indicará automáticamente que da igual cuántos juguetes le confisques, porque siempre puede conseguir más.

RECOMPENSAS

La atención positiva y el elogio son las recompensas más eficaces con un niño. Son inmediatas y refuerzan instantáneamente la buena conducta.

Con un niño mayor, además del elogio, puedes usar una tabla de puntuación por estrellas o adhesivos. Las estrellas (o adhesivos) suelen ser suficiente para reforzar sus progresos. Si quieres, también puedes darle un premio cuando haya conseguido completar una fila de estrellas (cinco, por ejemplo, no veinte). Este tipo de recompensa suele ser mejor si es espontánea, pero la sorpresa sólo funciona una vez. La próxima vez que uses la tabla de puntuación el niño esperará que vuelvas a recompensarlo del mismo modo. Así que ten cuidado con el tipo de recompensa que usas o podría salirte el tiro por la culata. Lo ideal es que no haya demasiados premios.

Lo que no debes hacer es descontrolarte y premiar al niño en exceso por su buen comportamiento. Si le regalas un juguete cada vez que hace algo que en realidad debería hacer porque sí, pensará que puede servirse de su buen comportamiento para vaciarte la cartera, y ya puestos apuntará más alto. Al día siguiente te pedirá un premio por tomarse la comida; después, vendrá el Lego.

BOFETADAS

Habrás observado que hemos completado el capítulo sobre disciplina sin mencionar una sola vez las bofetadas. Soy niñera: las niñeras no educamos (o al menos no deberíamos educar) a los niños a fuerza de bofetadas, y tenemos razones fundadas para no hacerlo. No voy a entrar en el debate de si no pasa nada por pegar al niño de vez en cuando o si la agresión física es algo completamente inaceptable.

Lo único que voy a decir es que la controversia que rodea al tema hace que algunas personas se olviden por completo de la disciplina, y eso es una lástima. Los niños necesitan disciplina, límites. Espero que este capítulo te haya permitido descubrir que hay muchas formas eficaces de establecer esos límites y mantener la cordura al mismo tiempo.

Vestirse

Todos los padres saben que vestir a sus hijos cuando se hagan mayores puede ser una fuente de problemas (las deportivas, las minifaldas, los tops), pero muchos ignoran que los problemas pueden producirse antes. He conocido familias en las que vestir a un niño pequeño y conseguir mantenerlo vestido se convierte en una lucha que dura todo el día. Como sucede con la mayoría de las situaciones conflictivas en que se ve envuelto el niño, vestirse no siempre es el verdadero problema.

A veces, vestir al niño puede resultar complicado cuando éste busca una mayor independencia: querrá vestirse solo y elegir lo que va a ponerse. Sin embargo, si tienes problemas en otras áreas, y el niño no sólo se niega a vestirse, sino también a comer, a lavarse o a jugar tranquilo, y se porta siempre mal, estás ante un problema de control.

Los padres tienden a solucionar los problemas con la ropa ofreciendo al niño demasiadas opciones. Tu hija de tres años no te deja que le pongas pantalones. Piensas que quizá eso significa que quiere que le pongas un vestido. ¿No? Bueno, tal vez no le gusta ese vestido concreto. Pruebas con otro vestido. Y otro. Vuelves a probar con los pantalones. Al final, termina correteando desnuda por las escaleras.

Independientemente de que tu hijo pequeño tenga o no opinión propia sobre lo que quiere ponerse, si reaccionas a una negativa a vestirse ofreciéndole demasiadas opciones, cada posibilidad de elección constituirá para tu hijo una señal de que te rindes y él gana la batalla. Seguramente lo que pretende no tiene nada que ver con la ropa: sólo quiere salirse con la suya. Otros padres solucionan este tipo de problemas vistiendo al niño como si fuera un bebé que ni siquiera sabe meter el bracito por la manga. Si intentas obligar a un niño a vestirse, pronto te encontrarás con una limitación física: la tuya propia. El niño pequeño no es un bebé desamparado: sabe dar patadas, culebrear, retorcerse y salir corriendo, y lo hará. Para colmo, te montará una rabieta. Y lo único que tú querías era ponerle los zapatos.

A menudo, vestir a un niño se convierte en un problema porque se hace precipitadamente. Para los padres, vestir o desvestir a su hijo es algo que hay que hacer (lo más rápido posible) para poder pasar a otra cosa: salir de excursión, ir a recoger a los hermanos mayores al colegio o prepararse para ir a la cama. Tienes la vista puesta en el reloj. Quieres hacerlo rápido. Al menor indicio de que estás precipitando las cosas, el niño se negará a hacer lo que le pides, y te darán las uvas.

Este tipo de problema puede resolverse muy fácilmente con una combinación de varias técnicas. La primera consiste en tener claro lo que quieres ponerle a tu hijo, y reducir el número de posibilidades que le presentes. La segunda es implicarle en lo que haces y alentarle a que aprenda a hacerlo solo. Y la tercera es reforzar las luchas constantes con un control firme.

¿Qué nos ponemos hoy?

«¿Qué nos ponemos hoy?» no es una pregunta que debas hacerle a un niño pequeño. Quizá, al preguntarle eso, pienses que estás teniendo con él el detalle de permitirle opinar sobre lo que se va a poner o que estás evitando una posible rabieta porque le dejas elegir. Tu hijo pequeño pensará inmediatamente que tú no sabes la respuesta (si no, ¿por qué le preguntas a él?) o que vestirse es opcional. En un niño pequeño, la posibilidad de elegir sólo genera incertidumbre. Alguien tiene que estar al mando: eso significa que es él quien debe asumir el control de la situación. Y lo hará.

Si le ofreces muchas opciones a un niño mayor que es más capaz de tener una opinión sobre lo que quiere ponerse, pero sigue sin saber cómo tomar decisiones adecuadamente, no te sorprenda que escoja una llamativa camiseta veraniega para ir al parque en pleno invierno. Es justo permitirle a un niño mayor que opine sobre lo que vaya a ponerse, pero en lugar de dejarle que coja cualquier cosa del armario, dale a elegir entre dos o tres prendas, todas ellas adecuadas para la ocasión y las condiciones meteorológicas. También puedes evitarte problemas guardando la ropa de verano en invierno, y viceversa, como lo harías con tu propia ropa.

Escucha a tu hijo si se niega repetidamente a ponerse una prenda concreta con la excusa de que es incómoda. Hazle caso si siempre que se pone una determinada camiseta dice que le queda ajustada. A algunos niños les desagrada el contacto de la lana con la piel y dicen que «pica». Da igual que el jersey se lo haya tejido con muchísimo cariño tu tía; si a tu hijo le parece una camisa peluda, no lo obligues a ponérselo.

Una forma de quitarle hierro a las disputas sobre ropa y evitar las prisas es dejar preparada la ropa la noche anterior. Elígela y cuéntale a tu hijo que mañana se pondrá esos vaqueros y esa camiseta y después iréis a casa de su amigo. De esta forma, vestirse no será un problema en sí, sino parte de algo que el niño espera con ilusión: la visita a casa de un amigo.

ELC

Cómo animar a tu hijo a que se vista solo

Si lo piensas desde el punto de vista de un niño, que alguien te vista puede resultar a veces incómodo y violento. Tan pronto te están metiendo las manos por las mangas como las piernas por las perneras y, antes de que puedas darte cuenta, te meten una camiseta por la cabeza y no ves ni respiras.

Si vistes de prisa a tu hijo, es muy probable que no tengas tanto cuidado como debieras, ni te tomes el tiempo necesario para prepararlo para lo que se avecina. A ti no te gustaría que alguien que te doblara la altura te plantara un jersey por encima de la cabeza sin avisar, te tirara de los brazos y te obligara a meterlos por unas mangas o te subiera la cremallera con tanta precipitación que te pellizcara la piel.

Aun cuando el niño sea bastante pequeño, puedes empezar a animarlo a que se vista solo. La primera fase consiste en implicarlo en el proceso para que no tenga la sensación de que lo llevas de aquí para allá como a un dominguillo. No dejes de hablarle, y dile en todo momento lo que estás haciendo y lo que vas a hacer después.

«Ahora vamos a ponerte la camiseta. Mete el bracito por la manga. Muy bien. Ahora intenta meter tú el otro bracito.» Una buena cantidad de elogios facilita enormemente la tarea.

La segunda fase consiste en alentarlo a que participe de forma más activa. Facilita a tu hijo la tarea de vestirse solo eligiendo prendas que no tengan cierres complicados. No va a saber atarse los cordones de los zapatos, ni abrocharse botones difíciles de manejar, pero puede subirse una cremallera o tirar de una correa. Los zapatos que se abrochan con velcro son mejores para los niños más pequeños que los que llevan cordones o hebillas.

El juego es otra forma de alentar al niño a que se vista solo. ¿Para qué otra cosa sirve si no vestir y desvestir a los muñecos? También puedes comprarle uno de esos juguetes educativos diseñados para que el niño aprenda las técnicas básicas del vestir, como abrochar y desabrochar botones o atar cordones.

Mientras aprende a vestirse, muchas operaciones seguirán produciéndole frustración, y ésta podría traducirse en una rabieta en un abrir y cerrar de ojos. No lo empujes al fracaso. No decidas de pronto que ya sabe vestirse, lo dejes solo y te apartes para corregirlo inmediatamente cuando lo haga mal. Enséñale a hacerlo e involúcralo. Ponle uno de los zapatos y pídele que se ponga el otro. «Pasas la correa por la hebilla..., así. Y luego tiras de ella.»

PROBLEMA:
EL NIÑO NO SE DEJA VESTIR O DESVESTIR

Los niños a menudo prolongan o evitan el momento de vestirse como forma de demorar la hora de acostarse. El problema no es la ropa. Tener el par de deportivas perfecto de la marca perfecta y del color perfecto no será un problema hasta más adelante. Y aunque a muchos niños pequeños les encanta quitarse la ropa y ponerse a corretear por ahí desnudos, no es porque no les guste la ropa. Simplemente disfrutan de esa nueva habilidad: el deshacer (o desvestirse) siempre irá antes que el hacer.

Los niños que convierten el momento de vestirse o de desvestirse en continuos episodios de chillidos y patadas necesitan un control firme. Puede que parezca un problema sin importancia, pero si no le haces frente, pronto verás que puede convertirse en una lucha que te llevará todo el día.

SOLUCIÓN:
DISUASIÓN / EL RINCÓN

- Reserva tiempo suficiente en la rutina diaria para vestir a tu hijo. Tú te vistes en cuestión de segundos y, quizá por eso, ni siquiera consideras que vestirse sea una actividad digna de atención, pero tu hijo necesita mucho más tiempo.

- Prepara la ropa la noche anterior y no des a elegir a un niño pequeño entre muchas prendas distintas. Con dos es suficiente. No tiene el sentido común necesario para tomar una decisión basada en la idoneidad, y la moda le es completamente indiferente. Si por él fuera, iría al súper completamente desnudo o con los pantalones en la cabeza.

- Con un niño de tres años puedes aumentar las opciones a tres prendas que sean adecuadas para la ocasión y las condiciones meteorológicas.

- Implica a tu hijo y anímalo a que se vista ofreciéndole únicamente tareas pequeñas que pueda realizar.

- Obsequia al niño con comentarios positivos e implicadores. Elógialo continuamente. Haz que la actividad resulte divertida, incluso haz un poco el tonto.

- Si vestirse se convierte en un problema grave, si provoca desafíos, agresión y otras formas de mal comportamiento, utiliza la técnica del aislamiento (pág. 80). No olvides las fases de advertencia y explicación.

PROBLEMA:
EL NIÑO DE VESTIR CAPRICHOSO

No hace falta que sea carnaval para ver a un número considerable de princesitas o superhéroes haciendo la compra con sus padres el sábado por la mañana. De hecho, no es la primera vez que me cruzo con Spiderman por la calle. Si tu hijo colabora razonablemente a la hora de vestirse y no ha convertido la cuestión en una lucha continua, no pasa nada por ir disfrazado al súper o con esos leotardos que no le pegan con nada. Conviene que los padres aprendan a relajarse. La necesidad de disfrazarse no es siempre una manía. Deja que los niños sean niños y se disfracen. Es parte de su juego.

Empieza a ser un problema cuando el niño se obsesiona con un color o una prenda concretos y no quiere ponerse nada que no sea verde o la camiseta del dinosaurio. Si cedes en esto, la manía puede durar meses.

SOLUCIÓN:
DISUASIÓN

- Estad atentos los indicios de manías en el vestir. Es mucho más fácil prevenirlas que sacar al niño de una pauta de comportamiento que se ha convertido en costumbre.

- Puede que tengas que retroceder un poco si tu hijo da muestras de ser algo maniático con la ropa. En lugar de ofrecerle un número de opciones limitado, no le ofrezcas ninguna. Prepárale la ropa la noche anterior y esconde la ropa con la que se esté obsesionando. Dile que la has puesto a lavar, que ya le hacía falta.

- Ofrécele mucho refuerzo positivo cuando consigas que se vista sin que se convierta en un suplicio. Una tabla de puntuación por estrellas puede ser una buena forma de mostrar tu aprobación.

El aseo

En la rutina diaria, el aseo (bañarse, lavarse los dientes, lavarse y desenredarse el pelo, lavarse las manos y la cara, cortarse las uñas de las manos y los pies) es una actividad íntimamente relacionada con el vestirse y desvestirse. Casi todos los niños disfrutan con el agua y no es necesario insistirles demasiado para que chapoteen en el lavabo o la bañera.

Lo que sí necesitan, aparte de mucha ayuda práctica y supervisión, son recordatorios constantes de que deben seguir una rutina. Un niño pequeño no deja de lavarse los dientes o las manos porque deteste la idea de hacerlo, sino porque simplemente se le olvida.

- Antes de que se produzca un cambio de actividad, adviérteselo de forma clara varias veces, sobre todo si tu hijo está entretenido haciendo otra cosa (por ejemplo, terminando un puzle). Ponte en el lugar del niño. A vosotros no os gustaría que, cuando estáis ocupados enviando un correo electrónico, alguien os dijera que lo dejarais y sacarais la basura. Los niños a menudo se niegan a meterse en la bañera cuando la hora del baño les llega inesperadamente. No es que al niño no le guste bañarse (de hecho, estará feliz y contento tan pronto como lo metas en el agua), es que no le gusta dejar una cosa y empezar otra sin previo aviso. Reaccionará del mismo modo cuando sea hora de sacarlo de la bañera si no lo preparas con antelación.

- No preguntes, afirma. «Quiero que te laves los dientes ahora, cariño» o «¡Los dientes, cariño!» es mejor recordatorio que una pregunta, que siempre invita al «No» o al «No quiero».

- Usa la técnica de la implicación cuando tengas que dividir tu atención entre el niño y sus hermanos más pequeños. Pídele que te ayude con las tareas sencillas, como poner la pasta de dientes en el cepillo, y agradécele profusamente su ayuda.

- Deja que tu hijo te vea lavarte los dientes, el pelo y la cara. Los niños aprenden mucho observando a los adultos, incluso más de lo que aprenden al escucharlos. También aprenden observando a otros niños. Explícale lo que estás haciendo: «Vamos a quitarnos los trocitos de patata y zanahoria de los dientes», pero enséñale también cómo lo haces: «Yo también voy a lavarme los dientes.»

- Me gusta mucho usar la mímica o las canciones: «Así me lavo los dientes (o la cara), me lavo los dientes, me lavo los dientes...»

- Una bolita de pasta del tamaño de un guisante es suficiente, porque el agua también contiene flúor. Anima a tus hijos pequeños a que se laven los dientes solos, pero vuelve a lavárselos tú cuando hayan terminado, para asegurarte de que las muelas quedan bien limpias.

- Algunos niños odian que les laven el pelo. Puede que el agua los asuste o que tengan miedo del chorro de la ducha, o de que les entre agua por la nariz o les escuezan los ojos con el champú. Deja que tu hijo vea cómo te lavas el pelo y explícale para qué sirven el champú y el acondicionador. Dale una manopla para que se tape la cara con ella si eso le hace sentirse más seguro. También puedes comprarle un gorro de baño para impedir que le corran el agua y el jabón por la cara. Si lo que le disgusta es el chorro de la ducha, utiliza una taza de plástico para aclararle el pelo. Yo siempre les aviso cuando voy a aclararles el pelo. «Uno, dos y tres. A la de tres, Jo echará el agua.»

- Pon siempre una alfombrilla de goma en la base de la bañera para que el niño no resbale. Prueba el agua para asegurarte de que no está demasiado caliente ni demasiado fría (los niños se escaldan muy fácilmente). Usa un taburete de altura regulable para que el niño llegue al lavabo y pueda lavarse los dientes y la cara. El niño aprende mejor cuando puede ver lo que hace; necesita verse bien en el espejo.

- Algunos niños se niegan por completo a entrar en la bañera. Presta especial atención a estos casos y procura no ser tú quien genere el problema. Trata de averiguar qué provoca esta negativa. Quizá sea porque pretendes bañar a demasiados niños a la vez. Si tu hijo le coge miedo al agua, ve aumentando su confianza poco a poco. Primero, mételo en una bañera de bebé y mójalo con la esponja. Superada esta etapa, báñalo en la bañera de bebé con sólo unos centímetros de agua. Por último, anímalo a que vuelva a probar la bañera de adultos. Entra en la bañera con él para incrementar su confianza. Báñate con él para demostrarle que no hay nada que temer.

- Usa juguetes y juegos para que el baño sea divertido. Los baños de burbujas son emocionantes. También puedes dejar que tu hijo haga burbujas en la bañera: es el sitio perfecto para ese tipo de juegos que lo ensucian todo. Juega con él «a ver cómo hace el delfín».

MIS DIEZ NORMAS BÁSICAS

EN RESUMEN, ASÍ ES CÓMO SE APLICAN MIS DIEZ NORMAS BÁSICAS AL VESTIRSE Y ASEARSE:

1. ELOGIOS Y RECOMPENSAS

Elogia a tu hijo cuando haga algo bien: ¡aunque no sea la primera vez! Usa una tabla de puntuación por estrellas para reforzar el buen comportamiento o acabar con las manías en el vestir.

2. COHERENCIA

Asegúrate de que tu pareja y tú seguís la rutina del mismo modo y os atenéis a las mismas normas. Esto también es aplicable a la hora de alentar al niño a que se vista solo: no minéis sus intentos de aprender haciéndolo todo por él.

3. RUTINA

Reserva tiempo suficiente en la rutina para que el niño se vista, sobre todo al principio del día. No esperes que lo haga en cuestión de segundos.

4. LÍMITES

No le ofrezcas al niño demasiadas prendas para que elija cuál quiere ponerse. Déjale claro que esperas que se vista sin armar jaleo y cuando se lo digas. Por otra parte, sé realista en cuanto a lo que el niño es capaz de hacer y el tiempo en que es capaz de hacerlo.

5. DISCIPLINA

Refuerza las normas con un control firme. Si el vestirse provoca agresión, desafío y otras formas de comportamiento inaceptable, usa la técnica del aislamiento, sin olvidar las fases de advertencia y explicación.

6. ADVERTENCIAS

Recuerda a tu hijo repetidamente cuándo es la hora de vestirse o lavarse, o cuándo hay que entrar o salir del baño. No lo sometas a cambios repentinos de actividad. Hazle saber lo que viene después.

7. EXPLICACIONES

Muéstrale e indícale a tu hijo cómo vestirse, lavarse y cepillarse los dientes. Explícale por qué es importante estar limpio y para qué son los distintos productos de higiene personal. Explícaselo todo de forma continuada y divertida.

8. CONTENCIÓN

No le grites órdenes a tu hijo. Usa una voz tranquila y autoritaria. No metas prisa al niño ni le hagas ver que vas mal de tiempo. No intentes obligarlo a vestirse.

9. RESPONSABILIDAD

Anima a tu hijo a que se vista solo. Facilítale el aprendizaje asegurándote de que su ropa no tiene cierres complicados. Usa la técnica de la implicación cuando tengas que ocuparte de tus otros hijos.

10. RELAJACIÓN

Haz divertida la hora del baño con juegos de «¿vale que eras...?». Es un buen momento para tranquilizarse, relajarse y jugar tranquilamente antes de la hora de dormir. Ese mismo planteamiento festivo es aplicable también al vestirse.

Aprender a ir al váter

Muchos padres se obsesionan con quitarles los pañales a sus hijos. Debo decir que lo ideal es que el niño sepa ir al váter solo hacia los dos años, lo cual no significa que ése tenga que ser el objetivo de todos los padres. Lo más normal es que el niño aprenda a ir al váter solo entre los dos años y medio y los tres años, edad a la que sucederá mucho más rápidamente. Si eliges el momento adecuado, podrás enseñar a tu hijo a ir al váter solo en una o dos semanas. Si empiezas a enseñarle antes de que esté preparado, o si empiezas y lo dejas para volver a empezar en un momento que a ti te venga mejor, no te extrañe que el aprendizaje dure una eternidad, meses incluso.

Como es lógico, que el niño deje de llevar pañales es una bendición para los padres. Pero ten en cuenta que, hoy en día, con los pañales desechables, no estás diciendo tampoco adiós a horas de lavado y remojo de ropas apestosas en desinfectante y lejía, simplemente estás tachando un artículo de tu lista de la compra semanal y suprimiendo una tarea algo desagradable de tu rutina.

Aunque no deberías enseñarle demasiado pronto, lo que sí puedes hacer es preparar a tu hijo para esta etapa cuando se sienta relajado y cómodo con sus necesidades fisiológicas naturales. A mi juicio, somos demasiado rígidos con este tipo de cosas. El humor escatológico es, sin duda, un indicio de que muchas personas aún se sienten incómodas con lo que debería ser algo de lo más natural: todo lo que entra tiene que acabar saliendo de algún modo.

Cómo saber cuándo tu hijo está listo

El desarrollo físico que permite a tu hijo controlar los esfínteres tiene lugar aproximadamente a los dieciocho meses. Pero al niño le cuesta más —normalmente más o menos un año más— darse cuenta de que necesita ir y que puede hacer algo al respecto.

Un bebé se hace caca y pis encima como acto reflejo, por lo general justo después de comer o a veces durante la toma. Poco después de cumplir los dos años, el niño empieza a notar que algo está a punto de suceder antes de que suceda. Puede que te lo comunique unos segundos antes o incluso mientras lo está haciendo. Esto en sí no es suficiente para sacar los calzoncillos o las braguitas y el orinal, pero es una señal de que vas por el buen camino.

Otra forma de saber si ha llegado el momento adecuado es examinar los pañales del niño. Cuando lo pongas a dormir la siesta, valora la cantidad de líquido que esté ingiriendo y lo mojados que estén los pañales. Si el pañal dura seco y limpio más tiempo, querrá decir que el niño está llegando a un punto en que el control voluntario de sus necesidades fisiológicas no está tan lejos.

En la mayoría de los niños, el control de los intestinos se produce antes que el de la vejiga (sencillamente porque la necesidad de hacer caca implica menos urgencia y es más fácil aguantar un poco), aunque en otros niños puede ser al revés. No mojar el pañal por la noche suele ser la última fase. Cuando el niño esté realmente preparado, puedes enseñarle a ir al váter para que tampoco se haga sus necesidades encima durante el día, pero no esperes poder prescindir del pañal por la noche hasta después de un tiempo.

Otra razón por la que pienso que intentar que el niño haga sus necesidades en el váter demasiado pronto es un error es que la comunicación es esencial para el éxito. A los dos años, el dominio del lenguaje de la mayoría de los niños es a lo sumo precario. Tienes que ser capaz de hablar con él sobre el proceso y enseñarle a detectar los síntomas. El niño tiene que poder decirte (a ti o a quien esté cuidando de él) que quiere ir. A menudo, los padres saben, por la postura del niño, cuándo está listo para ensuciar el pañal. Pero el que el niño se agazape o muestre una expresión facial predecible no es suficiente para enseñarle a ir al váter.

Si tu hijo parece estar listo, pero hay desorganización en la casa (si os mudáis, esperáis un bebé o está a punto de suceder cualquier otro acontecimiento fuera de lo corriente), pospón el aprendizaje hasta que dicha situación haya pasado.

Cómo enseñar a tu hijo a ir al váter

Prepara a tu hijo para el aprendizaje eliminando las connotaciones negativas de vergüenza o asco de algo que es completamente natural. No desaparezcas tras una puerta cerrada cuando vayas al baño. Deja la puerta abierta. Mételo en el baño contigo. Explícale lo que está sucediendo, para qué sirve el papel higiénico y enséñale cómo te lavas las manos después. Si lo preparas de la forma adecuada, puedes enseñarle dos cosas a la vez: cómo ir al váter y las normas de higiene.

Hazte con un orinal normal y uno de viaje. En mi opinión, los orinales deben ser sencillos. No busques nada extravagante. No son tronos, ni juguetes, ni sillas, sino sencillamente váteres portátiles y accesibles.

Tampoco me entusiasman los pañales braguita que algunas personas usan como fase intermedia entre los pañales y los calzoncillos o las braguitas. En lo que a mí respecta, o son pañales o son braguitas. Cualquier otra cosa no sirve sino para crear confusión. La única situación en la que utilizaría pañales braguita es cuando el niño ya ha aprendido a quitarse el pañal por la noche.

Aunque el orinal no sea algo que entusiasme al niño por su atractivo visual, puedes incentivarlo quitándole los pañales y poniéndole ropa interior cuando lo saques a la calle. Ésta sería una recompensa clara por aprender a ir al váter. A los niños les hace muchísima ilusión llevar por fin ropa interior. La ropa interior con dibujos de personajes de películas les encanta.

Si el niño aprende a ir al váter cuando hace buen tiempo, puedes dejarle que corra desnudo por ahí siempre que lo animes a usar el orinal, aunque esto puede ser contraproducente en ocasiones. Si el niño no sabe lo que se siente al hacerse sus necesidades encima, se verá menos incentivado a aprender a controlarlo. Si se hace pis encima, no lo cambies inmediatamente. Deja que descubra que es algo incómodo que tiene que procurar evitar.

CONSEJOS DE APRENDIZAJE:

- Aprende a detectar los indicios de que el niño necesita ir al baño. Por ejemplo, el que se apriete la entrepierna puede ser una pista clara.
- Durante el período de aprendizaje, no le pongas ropa complicada. Los pantalones de cintura elástica que pueden bajarse rápidamente son mejores que los monos con botones, correas o cremalleras.
- Anota mentalmente la cantidad de fluido que le das a tu hijo a lo largo del día.
- Explícale cómo se siente cuando tiene ganas de ir al baño: «¿Te lo notas en la tripita?» Presiónate la parte inferior del abdomen y muéstrale de qué hablas. No es necesario que seas demasiado gráfica. No se trata de una lección de anatomía. Procura simplemente que entienda la conexión que hay entre la sensación y lo que sucede después.
- Cuando haga pis o caca en el váter, felicítalo. El control de las necesidades fisiológicas se basa enteramente en el elogio y la aprobación. Precisa un refuerzo positivo constante.
- «¿Quieres hacer pis?» Repíteselo una y otra vez. Un millón de veces al día si hace falta.
- Ten el orinal siempre a mano, pero no lo pongas delante del televisor. Se convertirá en un asiento y tu hijo perderá la concentración y el mensaje le pasará inadvertido. Cuando el niño empiece a cogerle el tranquillo, deja el orinal en el baño, que es donde debe estar.
- Anima a tu hijo yendo al baño con él.
- Ten en cuenta que algunos niños son tímidos y les gusta ponerse en un rincón para usar el orinal. Si tu hijo quiere intimidad, dásela.
- Tan pronto como el niño empiece a aprender, exponlo a distintas situaciones. No te encierres en casa durante la semana o las semanas que dure el aprendizaje. Deja que experimente lo que se siente al salir al frío de la calle. Sácalo al parque. Llévatelo a dar una vuelta en coche. No le pongas pañal para estas excursiones. Coge el orinal de viaje y prepárate para hacer una parada a medio camino. Que sea breve y agradable.
- Antes de salir, toma la iniciativa y dile a tu hijo que haga pis.
- Sé constante, es fundamental. Tu incomodidad es secundaria. Si vas a casa de tus padres a pasar el fin de semana, no vuelvas a ponerle los pañales al niño para evitar el jaleo. Si tan pronto le pones pañales como ropa interior, no captará el mensaje.
- Ten calma y serenidad. No sobrecargues la situación con sentimientos de ansiedad o culpa, ni trates de precipitar las cosas.
- No te entrometas. Cuando siento a un niño en un váter público y tengo que sujetarlo de las manos o las rodillas, siempre miro hacia otro lado para que pueda concentrarse.

USAR EL VÁTER

El orinal es un lugar más seguro para que el niño aprenda a controlar sus necesidades que el propio váter, donde estará sentado con los pies colgando muy por encima del suelo y encaramado en un asiento mucho más grande y más ancho que su culete. A muchos niños pequeños les asusta el sonido de la cisterna cuando se acciona, sobre todo si están sentados en el váter.

No obstante, llegará un momento en que tu hijo estará listo para dejar atrás el orinal. Facilítale la adaptación al uso del váter proporcionándole un escalón o un taburete para que se suba sin problemas. Ponle al váter un asiento para niños de modo que tu hijo no tenga la sensación de que se va a caer dentro.

Aprovecha siempre que puedas para asociar el uso del váter con la higiene. Recuérdale a tu hijo que se lave las manos después y asegúrate de que lo hace. A los cuatro o cinco años, me parece que es bastante razonable esperar que un niño sepa limpiarse el culete. Dale toallitas húmedas si así le resulta más fácil. Siempre puedes comprobar después si se ha limpiado bien.

ACCIDENTES

Todos los niños tienen accidentes: se hacen pis encima e incluso se hacen caca alguna vez. Este tipo de accidentes sucede a menudo cuando el niño se pone muy nervioso o está demasiado distraído para captar lo que su cuerpo intenta comunicarle. Cuando eso ocurra, tu hijo se disgustará. No le des demasiada importancia. Si le prestas demasiada atención o le ofreces demasiado consuelo, el niño llegará a pensar que un accidente puede resultar útil. Resuelve el incidente con calma y naturalidad. Dile que son cosas que pasan y olvídalo.

Puedes evitar los accidentes si tus expectativas son razonables. Si el niño dice que quiere ir al baño, es que quiere ir al baño. Tómalo en serio y no le hagas esperar mucho.

A veces, a los niños se les escapa porque les da pereza ir al baño o porque piensan que van a perderse algo que les parece mucho más interesante. Hazle saber a tu hijo que eso no es aceptable. Si utiliza un escape como táctica evasiva (aguantarse hasta el último momento), quítale ese peso de encima. Toma la iniciativa y proponle que vaya al baño ya. Antes de que entres en el coche.

Cuando el niño se hace pis en la cama, suele ser porque le han quitado los pañales demasiado pronto. Hasta que no veas que pasan varias noches seguidas sin que moje el pañal, no se los quites para dormir. El hacerse pis en la cama también puede ser indicativo de algún tipo de desequilibrio emocional. Una cama extraña es suficiente para desequilibrar a algunos niños. Es lógico que el nacimiento de un hermanito, una mudanza o una pesadilla produzcan el mismo resultado. Se trata de problemas emocionales que deben resolverse con delicadeza y sin sentimientos de culpa. El hacerse pis en la cama también suele acompañar a períodos de enfermedad.

Si el hacerse pis en la cama va asociado al miedo a la oscuridad y la negativa del niño a ir al baño en plena noche, deja el orinal en el dormitorio por las noches y ponle al niño una luz nocturna.

PROBLEMA:
EL NIÑO SE HACE PIS EN LA CAMA PERSISTENTEMENTE

El que un niño mayor se haga pis en la cama persistentemente no es nada raro. Es desagradable para el niño y te da trabajo a ti. Las razones por las que esto sucede son múltiples. Normalmente se debe al estrés o a problemas emocionales. A veces la causa puede ser una infección urinaria. Si has descartado las razones obvias y los escapes siguen produciéndose con regularidad, es muy posible que el niño los esté usando como forma de llamar tu atención.

Si tu hijo se hace pis en la cama habitualmente, ni se te ocurra meterlo en tu cama. Obviamente, no se debe castigar a un niño por hacerse pis, pero tampoco hay que premiarlo.

SOLUCIÓN:
ROMPE LA PAUTA

Sea cual sea la razón por la que tu hijo se hace pis en la cama, lo importante es que logres romper la pauta. La forma más eficaz es sacar al niño de la cama y sentarlo en el orinal o en el váter para que haga pis antes de dormirse. Si normalmente duerme bien, no habrá problema en que hagas esto sin desvelarlo. También suele ir bien limitar la ingesta de líquidos después de la cena. A un niño que se bebe un vaso enorme de leche o zumo justo antes de irse a dormir le costará más no hacerse pis.

PROBLEMA:
EL NIÑO SE HACE CACA ENCIMA

Este problema es más complejo. Suele coincidir con enfermedades, épocas en que el niño está preocupado, asustado o distraído, o períodos de desorganización familiar. Concede siempre a tu hijo el beneficio de la duda y continúa con el aprendizaje. Si te precipitas y lo castigas por hacerse caca, podrías retrasar meses el aprendizaje del niño a controlar sus necesidades fisiológicas.

A algunos niños les cuesta más controlar sus intestinos que su vejiga. A otros, los movimientos intestinales les producen verdadera angustia. Puede incluso que les asusten los movimientos en sí o ver el resultado. Por esa razón procuran aguantarse hasta que la naturaleza les puede y se les escapa sin querer. Es importante que te muestres comprensiva, pero tampoco te excedas. Dile: «Esto ocurre porque te has estado aguantando», en tono ligero. «No pasa nada.» Explícale por qué se le ha escapado. Un episodio así suele ser suficientemente desagradable como para obrar el cambio.

SOLUCIÓN:
RÉSTALE IMPORTANCIA

Si siguen produciéndose los escapes, reserva tiempo suficiente en tu rutina para cambiar a tu hijo de ropa y lleva siempre contigo ropa interior limpia, toallitas húmedas y pantalones limpios. No lo empujes a usar el orinal. No le des la impresión de que hay prisa o de que te angustia la situación. Cada vez que tenga un escape, límpialo, pero no le prestes una atención especial. En cuanto deje de hacerse caca encima, elógialo mucho.

En ocasiones, la ansiedad que producen los movimientos del vientre puede causar estreñimiento. Personalmente, suelo dar un baño caliente a los niños que están estreñidos por el motivo que sea. Eso ayuda a relajar los músculos. Si el estreñimiento es un problema habitual, asegúrate de que la dieta de tu hijo contiene una cantidad adecuada de fruta y verduras y de que el niño bebe suficiente líquido.

MIS DIEZ NORMAS BÁSICAS

1. ELOGIOS Y RECOMPENSAS

Ofrece a tu hijo elogios y ánimo constantes. La ropa interior de dibujitos es un estupendo incentivo.

2. COHERENCIA

Cuando enseñes a tu hijo a ir al váter, no interrumpas el proceso por ningún motivo. Sigue adelante, aunque te suponga un trastorno. No utilices pañales braguita como fase intermedia: sólo producen confusión en el niño.

3. RUTINA

No precipites las cosas. Dale tiempo al niño para que vaya al baño antes de salir de casa y pregúntale con frecuencia si quiere ir.

4. LÍMITES

Ten expectativas realistas en cuanto al aprendizaje de tu hijo. No te sientas tentada de empezar demasiado pronto, porque el proceso se prolongará durante meses. Aprende a detectar los indicios de que tu hijo está preparado. Deja el orinal en el baño, que es donde debe estar. No le quites al niño el pañal de la noche demasiado pronto.

5. DISCIPLINA

El refuerzo positivo es la clave del aprendizaje. Nunca castigues o regañes a tu hijo cuando se le escape. Reduce las posibilidades de que el niño se haga pis en la cama poniéndolo en el orinal o en el váter justo antes de acostarlo.

6. ADVERTENCIAS

Durante el período de aprendizaje del uso del váter, pregunta continuamente a tu hijo si necesita ir al baño. Incluso cuando ya haya aprendido a ir, no dejes de preguntarle en los momentos clave del día. Los niños pequeños no pueden esperar mucho cuando tienen ganas de hacer pis o caca.

7. EXPLICACIONES

Enséñale a tu hijo qué se siente cuando se tiene ganas de ir al váter. Muéstrale y explícale lo que pasa en el baño: deja que te vea ir al váter y lavarte las manos después. Aprovecha estas ocasiones para enseñarle normas de higiene.

8. CONTENCIÓN

No le des demasiada importancia si alguna vez se le escapa o se hace pis en la cama. Concédele a tu hijo un poco de intimidad si te la pide.

9. RESPONSABILIDAD

Alienta a tu hijo a que se lave las manos y se limpie el culete solo tan pronto como sea capaz.

10. RELAJACION

Plantea el aprendizaje del uso del váter de forma abierta y relajada. Se trata de una parte natural de la vida.

Las comidas

Alimentar a tu hijo debería ser algo sencillo. Hay cientos de consejos sobre qué alimentos constituyen una dieta equilibrada, y hoy en día no tenemos que cazar, ni recoger la comida o cultivarla, basta con que vayamos a la tienda. Tendrías que ser capaz de ponerle delante a tu hijo un bol de alimentos nutritivos a la hora del desayuno, la comida y la cena y dejar que el hambre haga el resto. Ojalá fuera tan fácil.

Con demasiada frecuencia, las comidas se convierten en batallas libradas en una serie de frentes. En primer lugar, está esa comida buena y nutritiva que has comprado, preparado y cocinado, pero que tu hijo ha decidido que sabe a rayos. Después, está el problema de sentarse a la mesa, que para tu hijo es algo completamente innecesario. Por último, aunque no por ello menos importante, está lo que a tu hijo realmente le gustaría comer: chucherías, patatas fritas, chocolate, dulces y bebidas azucaradas. Has perdido la cuenta del número de veces al día en que tu hijo te pide una galleta, pero seguro que no te ha montado una pataleta por un trozo de bróculi.

Como en muchas otras áreas de la vida cotidiana, las comidas son una actividad en la que los niños pequeños empiezan muy pronto a ejercer su deseo de independencia. No les cuesta mucho desentrañar lo obvio: no puedes obligarles a comer. Poco después de descubrir esto, se dan cuenta de que la comida es una de las cosas que más preocupan a sus padres. Es comprensible que los padres se preocupen por la alimentación de sus hijos. Desde ese primer llanto de hambre del recién nacido, sabrás que dar de comer a tu hijo a intervalos periódicos es esencial para su desarrollo y su crecimiento. Y no sólo lo sabrás, sino que también lo sentirás.

En las primeras semanas y los primeros meses, la hora de la comida será un momento de especial proximidad. A menudo es cuando el vínculo emocional entre madre e hijo se intensifica y se refuerza. Más adelante, si tu hijo actúa de forma extraña a las horas de las comidas o rechaza la comida que le has dado, lo más seguro es que te cueste ser paciente y objetivo. Dar de comer a un niño es una cuestión emocional desde el principio.

Si estableces rutinas, normas y límites, puedes empezar a restar emotividad a la situación, de forma que las horas de las comidas vuelvan a ser algo agradable. Cuando el niño es pequeño y durante bastante tiempo después, es responsabilidad tuya tanto enseñarle a comer como ofrecerle la comida adecuada. Después de todo, ningún padre le da a su hijo un dulce por error.

Somete a tu hijo a una dieta nutritiva adecuada desde el principio. Conviértelo en una forma de vida. Los niños no nacen con antojo de azúcar. Si sólo se les da comida sana y nutritiva, no conocerán otra cosa: un melocotón troceado les parecerá un premio tan apetecible como para otro niño podría serlo un bol de helado.

Cómo alimentar a un bebé

Tanto si le das el pecho a tu bebé como si le das biberón, todo lo que el niño necesita en sus primeros meses de vida es leche, y quizá un poco de agua hervida enfriada. No debe introducirse alimento sólido alguno en la dieta del niño antes de los cuatro meses; si el niño se queda con hambre, necesita más leche, no su primer bocado de comida infantil. La introducción de alimentos sólidos antes de que el estómago del niño sea capaz de digerirlos correctamente puede generar problemas y producir reacciones alérgicas.

La leche materna ha sido diseñada por la naturaleza para ofrecer al bebé exactamente lo que necesita: la cantidad adecuada de grasa, carbohidratos y proteínas, junto con las vitaminas, los minerales y los anticuerpos esenciales para el refuerzo de su sistema inmunológico en un momento en el que, de lo contrario, quedaría completamente expuesto a infecciones. Aunque las fórmulas modernas de leche infantil no proporcionan los mismos anticuerpos, están pensadas para parecerse lo máximo posible a la leche materna. La leche de vaca es para los terneros; en su primer año de vida, no debes darle a un bebé leche de vaca, ni siquiera diluida, porque contiene demasiadas proteínas.

El juego

El juego es la forma en que los niños se divierten, pero también es su modo de aprender. Tanto para el bebé de seis meses que explora un sonajero metiéndoselo en la boca, como para el niño de dos años que intenta introducir una figura redonda en un orificio cuadrado de un juego de figuras geométricas, o para el de cuatro años que se pierde en un mundo de ficción, el juego tiene tanto que ver con el descubrimiento del mundo y el aprendizaje de las relaciones humanas como con el entretenimiento.

Un niño al que no se le den suficientes oportunidades de jugar se aburrirá. Cuando lo haga, estará de mal humor, se sentirá frustrado y empezará a dar problemas. Además, no aprenderá las cosas que podría aprender del juego, y no me refiero sólo al tipo de aptitudes mentales que los juguetes «educativos» en teoría le permiten desarrollar. Darle patadas a un balón de fútbol por el jardín no es sólo un modo de desfogarse. Tu mini Beckham está aprendiendo también coordinación física y otras habilidades motrices. Los puzles y los juegos en los que el niño tiene que estar sentado y concentrarse le ayudan a aumentar su rango de atención, de forma que cuando vaya a la guardería o al colegio no sea uno de esos niños que no saben estarse quietos y escuchar. Los juegos de representación, de interpretación y los disfraces alimentan su imaginación. El dibujo y la pintura dan salida a su creatividad y le permiten controlar mejor su instinto prensil.

BEBÉS

El juego en los bebés empieza a una edad muy temprana. El bebé necesita estimulación. Es casi tan importante satisfacer esa necesidad de estimulación como dar de comer al bebé cuando tiene hambre o cambiarle el pañal cuando se hace pis. El bebé carece de la coordinación y la movilidad necesarias para explorar el mundo sin tu ayuda. Por ejemplo, si le colocas un juguete donde pueda verlo, obtendrá una estimulación básica a partir del color y la forma del objeto, pero si lo dejas a su alcance, terminará por darle manotazos y hacerlo mover. La primera vez lo hará accidentalmente, pero ese accidente se repetirá inmediatamente y pronto se convertirá en un juego. Y ese juego le habrá enseñado a mover algo con la mano, que es el principio de la coordinación.

En cuanto tu hijo sepa caminar, el juego se convertirá en una fascinante exploración. Todos los objetos que estén cerca pueden cogerse.

Si le proporcionas a tu hijo formas seguras de experimentar la variedad que lo rodea, alimentarás su deseo de aprender. Éste es un momento estupendo para la improvisación: una cuchara de madera, un cazo, un vaso de plástico (básicamente cualquier cosa segura que puedas sacar de los armarios de la cocina) lo tendrán tan contento y le enseñarán igual que un montón de juguetes caros.

EL PRIMER AÑO

En cuanto tu hijo aprenda a caminar el juego será motivo tanto de frustración como de alegría y descubrimiento. Quiere meter la pieza en la caja, porque os ha visto hacerlo a ti y a su hermano, pero él no sabe hacerlo solo. La solución no es quitarle todas las cosas que puedan frustrarlo (porque así nunca aprenderá lo que tiene que aprender), sino distraerlo con otro juguete que pueda manejar mejor. También puedes hacer como hago yo: le coges la manita y le ayudas a meter la pieza en la caja. De ese modo, aprenderá y seguirá pareciéndole que lo hace él.

No esperes que se entretenga mucho rato con algo en esta etapa, ni que juegue con otros niños. Posiblemente juegue a su lado sin apenas darse cuenta de que están ahí. Si se percata de su presencia, será para detectar que otro niño está jugando con un juguete de aspecto muy interesante con el que a él no le importaría jugar también. En cuanto te descuides, se lo habrá arrebatado de las manos.

JUEGO COMPARTIDO

Antes de llegar a la etapa en la que saben jugar con otros niños, compartir y cooperar, el niño necesita que los adultos lo ayuden a jugar, y aquí es donde pueden surgir los problemas. Si tienes cosas que hacer y tu hijo se encuentra felizmente absorto en sus juegos, ése te parecerá el momento ideal para continuar con tus quehaceres. Por el contrario, tu hijo verá su juego como el momento ideal para divertirse contigo. Tan pronto como te pongas a hacer tus cosas, dejará bien claro que busca tu atención, portándose mal si es necesario. Conviene que separes muy bien el tiempo que dedicas a tus tareas del que inviertes en jugar con tu hijo.

Los niños pequeños no diferencian entre «juego» y «trabajo» como los padres. Todo puede ser divertido, incluido ayudar a lavar el coche. De modo que la solución ideal para esta etapa intermedia es implicar al niño en lo que estés haciendo. Ya expusimos la técnica de la implicación en el capítulo titulado «Límites» (pág. 76), y se trata de una forma realmente útil de prestar atención al niño cuando tienes otras cosas que hacer. Por tener al niño de pie en una silla a tu lado ayudándote a lavar las zanahorias no te conviertes en un explotador infantil, ni lo obligas a hacer algo que él entienda como tarea. El niño se lo pasará en grande.

Tu hijo necesita que le expliques claramente en qué consiste compartir y esperar su turno. Los juegos sencillos en los que puedan participar dos o más niños le permitirán aprender a dar y recibir. Pero no los dejes solos. Siéntate con ellos. Enséñales cómo funciona el juego. Diles cuáles son las reglas. No sabrán jugar juntos a menos que les enseñes cómo hacerlo. «Ahora le toca a Arthur.»

Cuando ya sepan jugar, déjalos solos. No te quedes de pie vigilándolos. Los niños desarrollarán su propia relación y resolverán solos sus diferencias si no haces de juez constantemente.

JUGUETES

Los juguetes se multiplican rápidamente. Parece que fue ayer cuando todos los juguetes de tu bebé cabían en una sola cesta o caja. Después de unos cuantos cumpleaños y Navidades, sabes que tu casa está en alguna parte debajo de todas esas piezas de Lego.

A los niños les encantan los juguetes y a los padres les chifla regalarles juguetes a sus hijos, pero, como todo, los juguetes pueden terminar siendo cosas con las que los niños aprenden a negociar, por las que se pelean, suplican y luego se niegan a recoger. Los juguetes pueden convertirse en un problema.

En una u otra etapa, muchos padres les han regalado juguetes a sus hijos porque se sienten culpables por no pasar más tiempo con ellos. Otros tienen por costumbre ofrecerles nuevos premios, bien como soborno o como recompensa por un comportamiento medio decente. Ninguna de estas actitudes tiene mucho que ver con el juego o el aprendizaje que deriva de él. Más bien tiene que ver con tus emociones. Si usas los juguetes de esta forma, le enseñarás a tu hijo que eres manipulable.

ROTACIÓN DE JUGUETES

Los niños pequeños necesitan juguetes con los que jugar, pero no necesitan juguetes caros, ni todos los de la juguetería. No se trata únicamente de que «aprendan a valorar lo que tienen». Hay que enseñar a los niños mayores a respetar sus pertenencias, pero ése es un concepto demasiado adulto para un niño de dos años.

El niño que se encuentra rodeado de cientos de juguetes, se enfrenta literalmente a cientos de opciones en formato sólido. No pasa nada porque tengan muchos juguetes, pero no deben tenerlos fuera todos a la vez. La rotación de juguetes permite al niño pequeño, que no es capaz de decidir entre demasiadas opciones, centrarse un poco más en el juego y desarrollar su capacidad de concentración. De este modo, no se sentirá tan abrumado por la oferta. Más adelante, puedes sacar los juguetes que habías guardado, y el niño los recibirá con tanta emoción como si fueran nuevos. Una de las ventajas adicionales de esta estrategia es que recoger resulta mucho más fácil.

RECOGER

Si dos minutos después de recoger la casa vuelve a tener el mismo aspecto que si la hubieran bombardeado, lo más probable es que sientas la tentación de dejarla como está. Muchos padres, ante la lucha interminable de guardar las cosas o conseguir que sus hijos recojan lo que sacan, deciden que es más fácil convivir con el caos por el momento. El problema es que el caos, a veces, dura años. No tiene por qué ser así, y no debería serlo.

Muchos padres toleran el desorden porque no quieren perder el tiempo recogiendo. Lo que no saben es que el propio desorden es una pérdida de tiempo y que incluso puede salirles caro si tienen que pasarse horas buscando las piezas perdidas de un puzle o gastar un dinero que no tenían previsto gastar en comprar unas nuevas. Un entorno desordenado y caótico no le inspira al niño ningún respeto por sus pertenencias, ni tampoco por las tuyas.

Si el niño ve juguetes por todas partes, le costará aceptar que haya alguna parte de la casa o alguna cosa en ella que consideres tuya. Además, he observado que el desorden hace que la disciplina sea prácticamente imposible de aplicar. Con eso no insinúo que tengas que tenerlo todo como los chorros del oro, ni que tengas que ir como loca por toda la casa sacudiendo los cojines. Pero un orden básico es esencial: es imposible que un niño aprenda algo rodeado de desorden.

Es absurdo esperar que un niño que acaba de aprender a andar sea ordenado y recoja todo lo que saca, pero puedes conseguir que te ayude cuando lo recoges tú, otro buen uso de la técnica de la implicación. La abundancia de elogio hace maravillas. Da igual que coloque los juguetes en la caja equivocada, o que no recoja absolutamente todos los juguetes. El simple hecho de que participe y se lo pase bien recogiendo es una buena forma de colocar los cimientos para el futuro. Si clasificas los distintos tipos de juguetes en cajas de distintos colores, al niño le costará menos ayudarte. Conviértelo en un juego: «A ver quién recoge antes.» Los niños mayores necesitan saber que hay normas sobre el desorden y que hay lugares de la casa en los que no quieres ir pisando juguetes todo el tiempo.

Cómo resolver la situación:

* Convierte la limpieza en un juego. Implica a tu hijo y elógialo cuando te ayude.

* No pongas el listón demasiado alto.

* Ahorra tiempo no dejando al niño que saque todos los juguetes a la vez. Escóndele algunos, saca otros y ve rotando.

* Mantén el material de dibujo, los bolígrafos, los rotuladores y las pinturas fuera del alcance del niño. Supervisa el juego con estos materiales creativos que ensucian en zonas donde la limpieza sea fácil.

* Explícale a tu hijo las normas de limpieza, pero no esperes la perfección.

* Puedes dejarle los juguetes fuera en una sala de juego todo el día o incluso recogerlos cada dos días. Hasta puedes cerrar la puerta al caos, pero no dejes que el desorden se vaya acumulando durante meses.

PROBLEMA:
EL NIÑO NO QUIERE ACOSTARSE

El niño que no quiere acostarse se está privando a sí mismo de un descanso muy necesario y a ti de un tiempo que podrías dedicarte o dedicarle a tu pareja o a tus otros hijos. Posiblemente esto no sea tan grave como el agotamiento que produce el levantarse constantemente por la noche, pero es una fuente importante de irritación y tensión en muchas familias. Una versión menor del problema es la del niño que se pasa la noche pidiendo vasos de agua o excursiones al baño y se deleita en tácticas dilatorias similares con el fin de retrasar el inevitable momento de la separación.

Los niños pequeños que han conseguido salirse con la suya en otras áreas de la vida familiar son particularmente propensos a este tipo de comportamiento; para muchos niños, la hora de ir a dormir puede seguir siendo un campo de batalla durante muchos años.

SOLUCIÓN:
LA RUTINA DE ACOSTARSE

Una rutina de acostarse tiene dos funciones importantes: le permite a tu hijo saber que hay un patrón constante para acostarse que no va a poder cambiar ni manipular a su antojo, y lo prepara para dormir en una secuencia tranquila de acontecimientos destinados a ayudarlo a relajarse.

Acostarse a una hora sensata

El primer paso consiste en establecer una hora para acostarse. Independientemente de la hora a la que se acuesten, los niños pequeños suelen despertarse a la misma hora por la mañana, por lo general bastante temprano y, a veces, en cuanto amanece. Por eso, cuanto más tarde se acuesten, más cansados estarán al día siguiente. El concepto de «remoloneo» es completamente ajeno a los niños menores de cinco años.

Según mi experiencia, a la mayoría de los niños en edad preescolar les conviene acostarse entre las siete y las ocho de la tarde. Una vez puesta en práctica la rutina de acostarse, muchos padres que antes decían que, por lo visto, sus hijos necesitaban menos horas de sueño que otros niños de su edad se sorprenden a menudo al descubrir que su hijo se acuesta contento mucho antes de lo que esperaban y duerme más tiempo.

No obstante, en algún momento entre los dos y los cuatro años, la duración de la bendita siesta vespertina irá disminuyendo. Los padres de niños pequeños adoran comprensiblemente ese breve instante de cordura en el que pueden darse una ducha, tomarse un café o sencillamente disfrutar del silencio. Pero no es lógico esperar que esta etapa dure eternamente. Si observas que el niño vuelve a costarle acostarse y que no parece tener mucho sueño a pesar de tus estrategias tranquilizadoras, quizá sea el momento de que la siesta pase a la historia. Es inevitable que haya un período de transición durante el cual al niño le cueste conciliar el sueño si duerme siesta por la tarde, pero esté muy cansado e irritable si no la duerme. No dura mucho, créeme.

Una hora fija de acostarse proporciona a los niños el descanso que necesitan. Además, permite a sus hermanos mayores disfrutar de una hora más de tu atención, para que charles con ellos, los ayudes con los deberes o sencillamente les hagas compañía. Y os devuelve a ti y a tu pareja vuestras preciadas noches.

CÓMO DETECTAR A UN NIÑO DORMILÓN

Si a la hora de acostarse, tu casa se convierte en zona de guerra, quizá estés pasando por alto los síntomas de que tu hijo necesita dormir, por mucho que digan lo contrario. Un bostezo es un signo claro, obviamente, pero hay otros síntomas como el lloriqueo y el comportamiento irritable (la típica escena de «lágrimas antes de dormirse»), así como el frotarse los ojos, chuparse el dedo o tirarse al suelo. Si tu hijo presenta estos síntomas mucho antes de la hora de acostarse que le hayas fijado, siempre puedes ir adelantándola un poquito cada día.

Cuenta atrás para acostarse

Has establecido una hora de acostarse. La has pegado en la nevera como parte del horario familiar. Ya sólo te queda ponerla en práctica.

La clave para que la rutina de acostarse resulte eficaz es conceder tiempo suficiente a cada fase, de forma que el niño no tenga la sensación de que se le obliga a hacer las cosas precipitadamente, pero tampoco tanto que el niño empiece a albergar la idea de que de pronto hay cabida para la maniobra. Aproximadamente, una hora desde que el niño entre en el baño hasta que diga «Buenas noches» está bien.

Salvo que tu hijo sea muy precoz, no tendrá ni idea de lo que es una hora. Los niños tienen una noción muy esquemática del tiempo. Eres tú quien debe convertirse en su reloj parlante:

«Dentro de cinco minutos, vamos a bañarnos.»

«Dentro de cinco minutos, salimos del baño.»

«Cuando termine de leerte este cuento, apagamos la luz.»

Introducir al niño poco a poco en la rutina de acostarse significa avisarle periódicamente de lo que viene después, de modo que tenga tiempo de prepararse para esa fase. En algunos aspectos, esto funciona un poco como las advertencias verbales que le das al niño cuando se porta mal, salvo por la ausencia del tono de desaprobación.

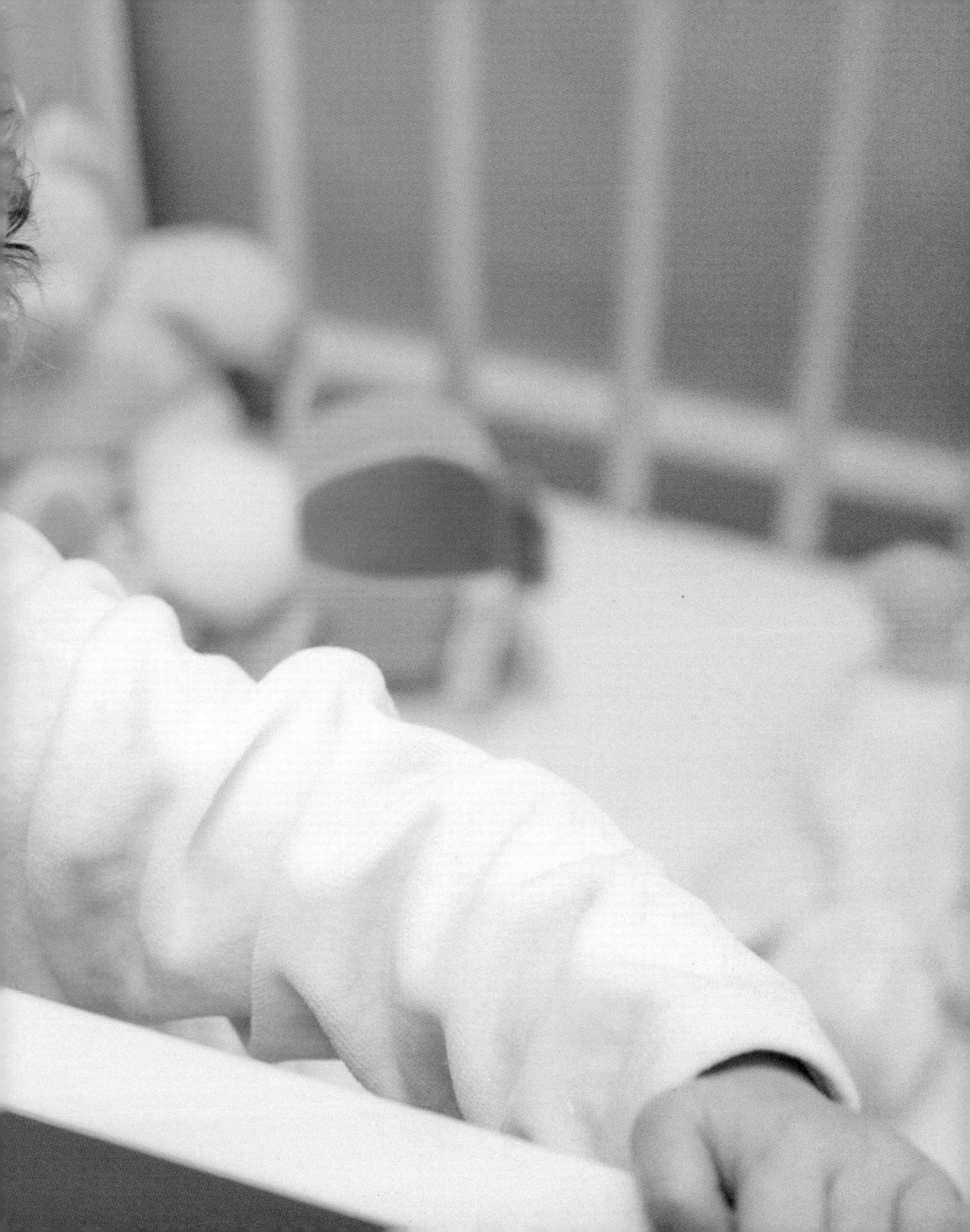

CÓMO ACOSTAR A TU HIJO

- Procura que tu hijo esté tan tranquilo como sea posible justo antes de la hora de acostarse. No es momento de dibujos animados, vídeos o juegos de ordenador ruidosos, ni alboroto. Al igual que un adulto, un niño nervioso y sobreestimulado no puede desconectar e irse a dormir. Es importante que el niño se relaje.

- Indícale de forma clara que se acerca el momento de acostarse aproximadamente unos diez minutos antes de iniciar la rutina.

- Empieza por un baño. El agua caliente es una ayuda natural para la relajación. Avisa al niño antes de bañarlo y cuando el baño esté a punto de terminar.

- Procúrate la cooperación del niño en tareas sencillas. Lo ayudará a sentirse implicado. «Ya es hora de salir del baño. ¿Quitas tú el tapón? ¡Muy bien!»

- Elogia al niño cada vez que complete una etapa correctamente.

- Léele a tu hijo un cuento para que se duerma. Déjalo que elija entre varios. No le ofrezcas demasiadas opciones o te verás atrapado en una guerra de voluntades, pero si el niño tiene un cuento favorito, léeselo sin dudarlo (y prepárate para leérselo la noche siguiente, y la siguiente, y la otra...). Hazle preguntas sobre las ilustraciones para captar su atención: «¿Ves el ratón? ¿Qué está haciendo el ratón?»

- Posiblemente descubras que, después de leerle un cuento, quiere hablar un ratito. Éste es un buen momento para tranquilizarlo, elogiarlo y destacar la buena conducta: «Hoy has sido muy bueno y has comido muy bien.» Quizá te interese también contarle lo que va a pasar al día siguiente: «Mañana iremos al parque con Rose, y luego a tomar el té a casa de Izzy.»

- Unos peluches pueden facilitar la separación en el momento de acostarse, pero no conviertas la cuna en un parque de juego. Cuando te acerques a ver cómo está más tarde, puedes ponerle algunos de los muñecos a los pies de la cuna por si se despierta temprano y quiere jugar.

- Cuando se acerque el momento de apagar la luz, avísale con unos minutos de antelación.

- No te acostumbres a esperar junto a tu hijo a que se duerma. Si está cansado y has seguido la rutina paso a paso, ya estará bastante grogui y caerá rendido fácilmente.

- Apaga la luz. Ningún niño puede aprender a dormirse con la luz encendida.

- No sientas la tentación de tomar un atajo y acortar la rutina. Si te saltas una fase, el niño se dará cuenta y ya no podrás contar con su colaboración. De ese modo, probablemente termine costándole más.

- Si tu pareja y tú os turnáis para acostar al niño, asegúrate de que ambos seguís las mismas normas y fases. Sed constantes y presentad un frente sólido.

- No dejes que el niño se duerma en el sofá y luego lo lleves a la cama. Se despertará aterrado sin entender cómo ha llegado hasta allí.

Cómo organizar distintas horas de acostarse

Los niños mayores pueden sobrellevar muchas de las fases del proceso de acostarse con una mínima supervisión. Pero si tienes más de un hijo de menos de cinco años, la hora de acostarse seguirá siendo básicamente cuestión de manos. Cuantos más hijos tengas, más manos necesitarás.

La solución es dividir o escalonar las horas de acostarse, de forma que los más pequeños se acuesten primero y poco después lo hagan los mayores. Si es posible, divide esfuerzos: encárgate tú de uno de los niños y que tu pareja se encargue del otro. La rutina de acostarse funciona mejor cuando cada niño puede disfrutar de cierto grado de atención individual. Procura cambiar los papeles la noche siguiente, para que así a todos tus hijos les corresponda un rato especial tanto con mamá como con papá.

El momento en que las rutinas de acostarse de los pequeños y los mayores pueden superponerse es la hora del baño. Puedes solicitar la ayuda del mayor cuando haya que bañar a su hermano pequeño. Tareas sencillas, como ir a por el jabón, la manopla o traer una toalla o un juguete, pueden servir para reforzar la autoestima del niño y su disponibilidad para colaborar. El resultado de este tipo de implicación suele ser un mejor comportamiento respecto a su propia rutina de acostarse.

Rutinas desbaratadas

Dos tipos de imprevistos pueden causar estragos en las rutinas: los evitables y los inevitables. Deja que tus hijos se acuesten un poco más tarde los sábados, siempre que estéis preparados para manteneros firmes y hacerles respetar la hora de acostarse habitual los domingos por la noche. Pero no permitáis que el niño os convenza de que lo dejéis acostarse más tarde para ver la tele. Para eso está el vídeo.

No obstante, habrá ocasiones en que la rutina se vaya al garete. Si el niño está malito o le están saliendo los dientes, el malestar físico anulará cualquier estrategia tranquilizadora. Cuando la crisis haya pasado, vuelve a la rutina lo antes posible. No permitas que el imprevisto se convierta en una excusa para relajar las normas.

Los niños tienen mucho apego a su cama, y el entorno familiar les inspira mucha seguridad, por lo que a menudo cuesta acomodarlos fuera de casa. Los recordatorios de su cama y su dormitorio pueden ser tranquilizadores en un escenario extraño; llévate sus juguetes favoritos y sus mantas. En la medida de lo posible, procura mantener una rutina similar cuando estés fuera de casa, para no tener que empezar de cero a la vuelta.

PROBLEMA:
EL NIÑO NO ES CAPAZ DE DORMIRSE SOLO

Si siempre has esperado a que tu hijo se durmiera para salir de la habitación, tu presencia formará parte de su concepto de dormirse, y el momento de la separación le resultará particularmente difícil. Además, descubrirás que buena parte de tu noche se desvanece sin dejar rastro.

Los niños que sólo saben dormirse si su padre o su madre están en la habitación deben aprender a dormirse solos. Lo que podría empezar como pequeño consuelo adicional cuando el niño es muy pequeño puede convertirse en un problema de control cuando el niño aprende a posponer cada vez más el momento de la separación.

SOLUCIÓN:
LA TÉCNICA DE LA SEPARACIÓN A LA HORA DE DORMIR

Esta técnica es una forma de ruptura gradual del ciclo de dependencia que permite al niño aprender que puede dormirse sin que tú estés en la habitación.

- Cuando acuestes al niño, no te metas en la cama con él. No te sientes en la cama. Dale las buenas noches, abrázalo y dile que es hora de dormirse. Después, siéntate en el suelo, muy cerca de la cama.
- Coloca al niño de forma que no te mire. Si mantiene el contacto visual contigo, intentará iniciar una conversación. Dile que cierre los ojos, que es hora de dormir.
- Asegúrate de que la luz está apagada y la puerta abierta.
- Quédate sentada en silencio, sin mirar al niño, hasta que se duerma. Cuando intente hablar contigo, dile: «Duérmete.»
- Repite el procedimiento la noche siguiente, pero siéntate un poco más lejos de la cama. En noches sucesivas, ve alejándote cada vez más de la cama y acercándote más a la puerta hasta que te sientes fuera, ante la puerta abierta de la habitación.
- La última fase consiste en repetir el procedimiento sentándote fuera ante la puerta entornada. Lleva su tiempo, pero se trata de romper un hábito que podría durar años.

PROBLEMA:
EL NIÑO SE DESPIERTA POR LAS NOCHES

Todos los niños (y también los adultos) tienen breves períodos de vela a lo largo de la noche. Cada hora aproximadamente alcanzamos un punto en que casi despertamos, nos damos la vuelta y volvemos a dormirnos. Forma parte de una pauta de sueño natural. Lo que no es natural es que ese breve instante de vela nos conduzca a una plena consciencia y a la incapacidad de volver a dormirnos.

Todos hemos pasado noches así, en que nos encontramos completamente despiertos a las tres de la mañana y somos incapaces de olvidar nuestra preocupación por la proximidad de un plazo de entrega o un gasto imprevisto. O quizá nos despierten los vecinos del piso de al lado, que están celebrando el fiestorrón de su vida, y no somos capaces de aislarnos y volver a dormirnos. Los miedos, las pesadillas y los sobresaltos nocturnos también pueden despertar a los niños, igual que la inquietud producida por la dentición o una enfermedad. Sin embargo, si el niño se despierta persistentemente, varios días seguidos o durante semanas, llora e incluso se levanta de la cama, eso es otra historia completamente distinta. Si respondes al despertar nocturno del niño ofreciéndole toda la comida, todo el consuelo y todo el entretenimiento que te pida, sólo conseguirás reforzar un mal hábito y el niño no aprenderá a tranquilizarse solo.

LOS BEBÉS

Los bebés muy pequeños, sobre todo los que toman el pecho, se despiertan a intervalos regulares durante la noche, principalmente porque tienen hambre o el pañal muy mojado. Un bebé sólo puede ingerir una cantidad de leche determinada en cada toma y, cuando la digiere, está listo para ingerir más y te lo hace saber en seguida.

Cuando el bebé necesita comer todo el tiempo, la interrupción del sueño es inevitable, pero hay varias formas de minimizar la interrupción de tu propio sueño y empezar a enseñarle al bebé la diferencia entre día y noche.

- Usa una luz nocturna.

- En los primeros días, ten la cuna del bebé en tu habitación para poder responder antes de que un gimoteo llegue a convertirse en llanto desconsolado que despierte a todo el vecindario. No obstante, no creo conveniente que tengas al bebé en tu habitación demasiado tiempo. Posiblemente descubras que terminas despertándote innecesariamente cuando el bebé hace el más mínimo ruido, y es muy probable que convierta la separación en un problema más adelante. Los tres meses son una edad ideal para llevar al bebé a su habitación.

- Cuando el bebé se despierte, dale de comer, pero no le hables ni lo estimules con el juego. Transmítele el mensaje de que la noche no es lo mismo que el día. Deja que eche el aire, cámbiale el pañal y tranquilízalo.

- Si el bebé ya duerme, pero tú aún no te has acostado, no andes de puntillas por toda la casa procurando que todo esté lo más silencioso posible. Un ruido fuerte repentino podría despertar al bebé, pero los sonidos normales de la casa no lo harán.

- Reparte el trabajo. Si le das el biberón al bebé, organiza turnos para compartir las tomas nocturnas con tu pareja. Si le das el pecho, sácate algo de leche.

Cuando el bebé haya comido, es muy posible que se te duerma en los brazos. Si no lo hace, mételo en la cuna y deja que vuelva a dormirse solo. Si continúa gimoteando, prueba a acariciarle la espalda o la tripita, pero no vuelvas a cogerlo en brazos a menos que empiece a llorar desconsoladamente. Puede que tenga gases que le molesten, en cuyo caso conviene que lo cojas, le coloques la cabecita sobre tu hombro y le des palmaditas en la espalda.

DESPUÉS DEL DESTETE

Una vez establecidos los alimentos sólidos como parte de la dieta, no hay razón para que un niño no duerma toda la noche de un tirón. Si sigue despertándose varias veces todas las noches, invariablemente, no es por hambre, sino por una razón muy distinta: necesita consuelo.

Por si fuera poco, al despertarse cada hora para atender al bebé que llora, muchos padres se encuentran atrapados durante horas paseando y acunando a un niño completamente despierto sobre el hombro. Después de un tiempo, las noches en vela se convierten en la norma. Un niño que sabe que lo cogen en brazos, le dan de comer y lo tranquilizan cada vez que llora, pronto aprende que puede conseguir más de lo mismo de idéntica forma. Seamos sinceros: no querrás pasarte la noche dando vueltas en coche por el barrio con el niño sentado en el asiento trasero hasta que se quede dormido, ¿no?

Si el niño sólo lleva unos días despertándose por las noches, puede que se trate de un problema de dentición. Los catarros y los resfriados también pueden perturbar el sueño de un niño. Descarta primero la posibilidad de que esté malito o le estén saliendo los dientes.

Puede que el niño duerma mal si tiene la sensación de que no le has prestado mucha atención durante el día, en cuyo caso se trata de una protesta para que sepas que se siente decepcionado. Si has estado muy ocupada o agobiada, piensa en una forma de pasar más tiempo con el niño durante el día.

Si el niño se tranquiliza fácilmente con unas caricias en la espalda o abrazándolo un poco, no es necesario que hagas nada más. Con el tiempo, el problema se solucionará solo. No respondas siempre que gimotee: dale la oportunidad de aprender a tranquilizarse solo.

Si quieres continuar dándole el pecho después de la introducción de los alimentos sólidos en la dieta, hazlo sólo durante el día: una a última hora de la noche y otra a primera de la mañana. Jamás conseguirás que el niño duerma de un tirón si sigues dándole de comer por la noche. Es un consuelo demasiado grande para perdérselo.

SOLUCIÓN:
LA TÉCNICA DEL LLANTO CONTROLADO

Si las noches en vela se convierten en algo habitual y empiezan a hacer estragos en la familia, puedes probar la técnica del llanto controlado. Muchos terapeutas y especialistas en trastornos del sueño utilizan distintas versiones de esta técnica, que personalmente encuentro muy eficaz. En muchos casos, la técnica puede dar resultados en menos de una semana.

Para empezar, es importante dejar claro que «llanto controlado» no es sinónimo de «dejar llorar al niño». Ese remedio anticuado ya no se acepta hoy en día, y es lógico, porque no sólo es inhumano, sino también ineficaz. El «llanto controlado» es algo completamente distinto. Al contrario que el método por el que se deja llorar al niño durante períodos prolongados sin hacerle caso, lo que refuerza la sensación de abandono, la técnica del llanto controlado le demuestra que sigues cerca, que no te has ido, pero que eres tú quien manda y es hora de dormir.

Sé que algunos padres no quieren dejar al niño llorando ni un segundo. Aunque no recomendaría la técnica para todas las familias, sinceramente pienso que es una de las mejores formas de romper un ciclo de noches en vela.

La clave de esta técnica es aprender a distinguir entre distintos tipos de llanto. Un llanto agudo y continuo o un quejido grave son el indicio de que el niño está muy angustiado o le duele algo. Si tu hijo llora así, debes actuar inmediatamente y averiguar qué pasa.

El llanto del niño que busca consuelo o atención suena distinto. Puede empezar con un gemido o un gimoteo, pero suele interrumpirse a intervalos mientras el niño espera resultados, y después continúa. Es como una ola.

Tu labor consiste en escuchar y estudiar el llanto de tu hijo. No empieces a aplicar la técnica hasta que estés completamente segura de que eres capaz de identificar los distintos tipos de llanto.

Yo uso la técnica como sigue:

- La primera vez que tu hijo se despierte, pasa un rato escuchando el tono de su llanto. Escucha y observa. Es duro para una madre o un padre tener que oír llorar a su hijo sin hacer nada, pero intenta mantener la calma y no te dejes agobiar por el sentimiento de pánico. Si el llanto no revela angustia, espera un poco.

- Cuando el niño lleve un rato llorando, ve a verlo. No enciendas la luz. No lo mires a los ojos; míralo al puente de la nariz o a la tripita. No le hables ni le des conversación. Emite algún sonido tranquilizador —«xxt» o «sss»—, acaríciale la espalda o la tripita, tápalo y márchate.

- Acepta el hecho de que tu hijo volverá a despertarse y a llorar: es un patrón de comportamiento al que debes hacer frente. Quizá tarde una hora o tal vez cinco minutos. Cuando el niño vuelva a llorar, espera el doble de tiempo antes de ir a verlo; después, repite el procedimiento.

- Las próximas veces que se despierte, continúa duplicando los intervalos entre visitas tranquilizadoras. Éste es el momento en que a la mayoría de los padres les parece que la cosa empeora. Deja que te cuente cómo te vas a sentir. La respuesta al llanto de tu hijo es un instinto natural. Cuando intentes resistir la tentación, experimentarás una subida de adrenalina, se te calentarán las manos y las tendrás húmedas y pegajosas, te latirá el corazón muy de prisa y tendrás la sensación de que pierdes el control. Debes entender que es la reacción natural de tu cuerpo y procurar mantener la calma. Busca el apoyo de tu pareja o pídele a una amiga que pase la noche contigo, alguien que te proporcione consuelo y te dé fuerzas cuando te sientas así.

★ No te rindas y no lo dejes correr. El niño captará el mensaje, quizá antes de lo que piensas. Seguramente notarás una mejora sustancial en el plazo de una semana.

PROBLEMA:
EL NIÑO SE LEVANTA DE LA CAMA

Entre los dos y los tres años, tal vez antes, el niño descubrirá que tiene una arma secreta a su disposición: puede levantarse de la cama. Los niños que consiguen dormirse a una hora razonable y después se levantan continuamente de la cama durante la noche, por lo general, buscan atención. Posiblemente excusen su vigilia con muy diversas razones (hambre, sed, pesadillas, demasiado calor, demasiado frío), algunas incluso contradictorias. Diga lo que diga, lo que ocurre es que sabe que el despertarse a media noche es un mal hábito por el que no lo reprendes.

SOLUCIÓN:
LA TÉCNICA DE QUEDARSE EN LA CAMA

En primer lugar, elimina cualquier posible excusa para que el niño se levante de la cama. Asegúrate de que tiene un vaso de agua junto a la cama por si tiene sed durante la noche. Procura que haga pis antes de acostarse. Reduce al mínimo las razones por las que pueda querer levantarse.

Si esto no funciona, usa la técnica de quedarse en la cama, que, por lo general, produce resultados inmediatos. La clave es no caer en el error de discutir con el niño las razones por las que está despierto, ya que dada la lógica de los niños menores de cinco años, tienes todas las de perder.

- La primera vez que el niño se levante de la cama, acompáñalo a su habitación y explícale que es de noche. Abrázalo un poco y, después, márchate.

- La segunda vez, vuelve a meterlo en la cama y dile: «Es hora de dormir, cariño.» Abrázalo otra vez y márchate.

- La tercera vez, vuelve a acostarlo sin decirle una palabra.

- Los siguientes episodios deben tratarse del mismo modo que el tercero. Sin hablar, sin darle conversación, sin discusión. Debes controlarte y entender tus emociones. No estás siendo mala, estás enseñando a tu hijo a no levantarse de la cama.

- Con esta técnica, es muy importante que el que acueste al niño la primera vez (papá o mamá) sea el mismo que vuelva a meterlo en la cama cuando se levante. El seguimiento es esencial. De esa forma, el niño sabe que no puede jugar con su otro progenitor.

- Usa una tabla de puntuación por estrellas para recompensar al niño cuando duerma toda la noche de un tirón. Hazle saber que cuando haya conseguido un número de estrellas (nunca inferior a tres ni superior a cinco) tendrá un premio por su comportamiento. Pero debemos ser sensatos con los premios. No conviene solucionar un problema y crear otro.

PROBLEMA:
EL NIÑO SE METE EN TU CAMA

Hay una gran disparidad de criterios en cuanto a si es aconsejable dejar que el niño se meta en la cama de sus padres o no. Para algunos, es una parte natural y acogedora de la vida familiar. Para otros, es la peor de las pesadillas familiares.

Si tu hijo no se encuentra bien o se siente particularmente inseguro por alguna razón, no veo por qué no ofrecerle el consuelo de tu cama. Las mañanas de los fines de semana son momentos ideales para este tipo de proximidad.

Esto no significa que tengas que meter a tus hijos en tu cama absolutamente todas las noches. A riesgo de agitar la llama de la controversia, debo decir que me parece una mala idea. ¿Por qué?

- Es muy improbable que duermas bien por la noche, a menos que tanto tú como tu pareja y los niños tengáis un sueño profundo. Los niños pequeños pueden ocupar una cantidad desproporcionada del espacio de la cama (a menudo en diagonal), y eso sin tener en cuenta el culebreo y el deseo repentino de conversación a las cuatro de la mañana. Tan pronto tendrás un codito puntiagudo clavado en las costillas como un pie en la cara. Se moverá tanto que terminará dejándote un cinco por ciento de la cama y un cero por ciento de las sábanas. Entonces, el niño se dormirá y no te atreverás a moverte. Es cierto que puedes dormir más, pero eso no significa que sea la solución correcta a ese problema concreto.

- Los padres necesitan un espacio privado que puedan considerar suyo. Al menos, tienen que poder contar con su propia cama. Meter al niño en vuestra cama es el método anticonceptivo más eficaz. Ser padres no significa despedirse para siempre de la intimidad, ni de una vida sexual.

- Por experiencia, sé que es papá quien se lleva la peor parte. Cuando el niño se mete en la cama de los padres, suele ser papá el que tiene que trasladarse al sofá del salón, a la cama vacía del niño o, en circunstancias extremas, al suelo para poder pasar una noche decente. Si esto dura demasiado, tu matrimonio empezará a revelar síntomas de tensión.

- Si dejas que uno de tus hijos se meta en la cama contigo, no podrás decir no a sus hermanos. Por ahí se empieza. También las madres que relajan la norma de «en mi cama, no» cuando sus parejas están de viaje están generando problemas futuros.

- Pocas veces resulta una elección adecuada dejar que tu hijo duerma contigo. Según mi experiencia, suele ser una forma de evitar resolver otro problema.

SOLUCIÓN:
LLANTO CONTROLADO Y QUEDARSE EN LA CAMA

La técnica que elijas dependerá de la edad del niño. Si tu hijo pequeño se despierta y llora continuamente por la noche, y has estado solucionando este problema metiéndolo en tu cama contigo, adopta la técnica del llanto controlado (pág. 194). En el caso del intruso nocturno persistente, el niño mayor que se levanta de la cama y se cuela en la tuya, la técnica de quedarse en la cama (pág. anterior) obra maravillas. Si tu hijo ha estado metiéndose en tu cama en los últimos cinco años, probablemente es que no consigas romper este patrón rápidamente.

PROBLEMA:
PESADILLAS Y TERRORES NOCTURNOS

Todos los niños tienen pesadillas en alguna ocasión y algunos sufren un miedo temporal a la oscuridad. Los malos sueños y los brotes de enfermedades infantiles van de la mano, y también las pesadillas pueden asociarse a períodos de angustia y ansiedad: la llegada de un nuevo hermano, por ejemplo, o los primeros días de guardería. Sin embargo, a menudo, no hay causa visible. No obstante, no es lo mismo un niño que tiene alguna pesadilla de vez en cuando que uno que se despierta todas las noches por esta causa. En este último caso, probablemente se trate de un mal hábito.

SOLUCIÓN:
TÉCNICA TRANQUILIZADORA DE QUEDARSE EN LA CAMA

Si se trata de una pesadilla, ve a ver al niño o acompáñalo a su habitación, tranquilízalo y explícale que ha tenido un mal sueño. Quédate con él un rato hasta que remita la angustia. Tómate siempre en serio sus miedos.

Si el niño tiene miedo a la oscuridad, las luces nocturnas en el dormitorio y en el baño pueden resultarle reconfortantes. Deja la luz del pasillo encendida y la puerta entornada. No permitas que el niño te convenza para que lo dejes dormir con la luz encendida. También puede ser un consuelo uno de sus peluches favoritos.

Si tu hijo utiliza continuamente las pesadillas como excusa para levantarse de la cama, probablemente pretenda burlar tus defensas. En ese caso, usa la técnica de quedarse en la cama (pág. 196).

PROBLEMA:
EL NIÑO SE DESPIERTA TEMPRANO

Nueve de cada diez veces, el niño pequeño estará deseando levantarse mucho más temprano que sus padres. Si el niño tiene un patrón de sueño natural, y lo acuestas cuando esté cansado, y no supercansado, lo más seguro es que se despierte al amanecer o poco después. Posiblemente tú mantengas la esperanza de dormir media hora más, pero tu hijo tiene otros planes y, para que te enteres, se pone a dar botes en tu cama.

SOLUCIÓN:
LA TÉCNICA DE QUEDARSE EN LA CAMA

Como madre de un niño pequeño, es importante que aceptes que, de momento, lo de quedarse en la cama un buen rato por la mañana ha pasado a la historia. Si tu hijo duerme bien, conviene que tú también descanses lo suficiente y que puedas ajustar tu propio horario, de modo que levantarte temprano no te suponga un trastorno físico. Por otra parte, una cosa es levantarse temprano, y otra, levantarse al alba. Si tu hijo es de los últimos, lo más probable es que no consigas convencerlo de que vuelva solo a la cama. En ese caso, acompáñalo, explícale que es demasiado temprano y dile que puede jugar en la cama o en su cuarto sin hacer ruido hasta que tú te levantes. Esta técnica funciona un poco como la expuesta en la página 196, en el sentido de que limitas al niño el acceso a tu persona a horas inaceptables.

MIS DIEZ NORMAS BÁSICAS

EN RESUMEN, ASÍ ES CÓMO SE APLICAN MIS DIEZ NORMAS BÁSICAS A LOS PROBLEMAS DE SUEÑO:

1. ELOGIOS Y RECOMPENSAS

Elogia al niño por cada etapa de la rutina de acostarse que consiga completar. Elógialo por su cooperación e implicación. Destaca algo por lo que elogiar al niño al final del día, justo antes de que se acueste.

2. COHERENCIA

Asegúrate de que todas las personas encargadas de cuidar de tus hijos aplican las mismas normas que tú. Procura que quien acueste al niño sea quien se encargue de atenderlo si se despierta o se levanta por la noche. Está bien que los niños se te metan en la cama los sábados y los domingos por la mañana, pero no dejes que lo hagan en otras ocasiones.

3. RUTINA

Atente a la rutina de acostarse. No dejes que se pase la hora, ni precipites las cosas. No hagas excepciones para adaptar la rutina a la programación televisiva.

4. LÍMITES

Una hora y una rutina de acostarse previamente establecidas son límites claros que indican a tu hijo que tú mandas. Procurar que tu hijo duerma toda la noche en su cama le transmite el mismo mensaje. Además, estos límites sirven para dejar claro que hay lugares y momentos del día reservados para ti y tu pareja.

5. DISCIPLINA

Usa la técnica de la separación a la hora de dormir, la técnica del llanto controlado y la técnica de quedarse en la cama para resolver los problemas de sueño.

6. ADVERTENCIAS

Informa a tu hijo de lo que viene después en la rutina de acostarse, de modo que esté mentalmente preparado para cada etapa. Establece límites de tiempo breves. Tu objetivo es ser autoritario, no intimidatorio.

7. EXPLICACIONES

Reduce al mínimo las explicaciones y las discusiones cuando trates de tranquilizar a un niño que se ha despertado a media noche. Las dos primeras veces, dile que «es hora de dormir» y, después de eso, no le digas nada más.

8. CONTENCIÓN

No te dejes abrumar por el llanto de tu hijo y vayas corriendo a consolarlo cada dos minutos. Mantén baja la temperatura emocional en la medida de lo posible.

9. RESPONSABILIDAD

Implica a tu hijo en su propia hora de acostarse proponiéndole pequeñas tareas que pueda ejecutar: desnudarse, quitar el tapón de la bañera, ir a buscar un juguete para su hermano, etc.

10. RELAJACIÓN

La hora de acostarse y los momentos previos deben ser un período de calma. El baño y la lectura de un cuento ayudan al niño a relajarse. Una vez que tengas establecido un buen patrón de sueño para tu hijo, aprovecha al máximo el resto de la noche y relájate.

Calidad de vida: tiempo para ti y los tuyos

En un mundo ideal, cada minuto que pasas con tu familia debería suponerte una mayor calidad de vida. En el mundo real, no es precisamente así. La educación de un niño tiene sus recompensas, pero es una tarea difícil.

Tienes que aprovechar todas las oportunidades que se te presenten de hacer divertida esa tarea. Si estableces límites y los refuerzas, empezarás a disfrutar de tus hijos en lugar de verlos como una obligación a la que debes hacer frente. La diversión es importante. Se trata de un período muy valioso, aunque no lo parezca, que terminará demasiado rápido.

La calidad de vida también significa que cada miembro de la familia debe tener lo que necesita. No sólo los niños, también mamá, papá y los hermanos mayores. Para eso hay que hacer un poco de juegos malabares y planificar, de forma que todos disfruten de atención individual y tiempo libre.

Si tienes hijos, y tu reserva mental, emocional y física está vacía, no podréis atender las necesidades de nadie más. La línea divisoria entre hacer lo correcto y ser un mártir es muy fina. Si no cuidas de ti mismo y de tu relación con tu pareja, todo lo demás se verá afectado a la larga.

En los tiempos de nuestros padres y nuestros abuelos, era raro que ambos padres trabajaran, y los hogares formados por madres solteras no eran tan corrientes. Hoy en día, ambos tipos de familia son cada vez más numerosos. Es un hecho irrefutable. Las madres trabajadoras y las madres solteras son a menudo objeto de duras críticas en los medios. Ignóralas. Del mismo modo que no debes empujar a tu hijo al fracaso, no debes cargarte de sentimientos de culpa y vergüenza. Busca toda la ayuda que necesites, úsala y relájate.

very
noisy!

Cómo obtener respaldo

Buena parte de la tensión derivada de tener hijos es fruto de expectativas poco realistas. El padre y la madre perfectos no existen e, independientemente de lo que digan otros padres, el hijo perfecto tampoco. Algunos padres siempre presumen de sus hijos, de lo que saben hacer y de lo pronto que aprendieron a hacerlo. No dejes que eso te acompleje. Si esos padres fueran completamente sinceros, te hablarían de los problemas que se guardan para sí mismos.

Antes, cuando la gente no se movía tanto como ahora, la mayoría de las familias vivía cerca de una red de respaldo natural formada por amigos, parientes, personas de confianza a las que conocían de toda la vida. Posiblemente los padres no confiaran en los servicios pagados de niñeras y canguros, pero eso no significa que no recurrieran a tía Edith o a la abuela de cuando en cuando para que les echaran un cable.

No puedes hacerlo todo solo. Pedir ayuda no es un signo de fracaso, sino de fortaleza. Ser padres constituye una labor organizativa enorme tanto para los que trabajan como para los que no. Todos necesitamos confiar en el apoyo de otras personas de cuando en cuando.

No sólo necesitas ayuda en los momentos claros de crisis, cuando ingreses en el hospital para dar a luz, por ejemplo, o cuando te mudes de casa. Se trata de una necesidad natural. Los padres no deberían renunciar a su identidad ni a sus intereses externos por tener hijos. Ambos progenitores necesitan tiempo para hacer sus cosas y tiempo para estar juntos como adultos.

Busca una canguro de confianza. Crea un círculo de canguros con otras familias que tengan niños pequeños. Pídele a tu madre que vaya a tu casa el fin de semana. Puede que hoy ya no se viva en comunidades de vínculos estrechos, pero sigue habiendo muchas formas de poner en marcha un grupo de respaldo.

Cuídate

En un empleo remunerado, lo lógico es esperar una bonificación de cuando en cuando, incluso un ascenso. También tú debes concederte un premio semanal: un masaje, un corte de pelo, una tarde de cine, un día de compras, una comida en un restaurante, una noche con amigos. Tienes las mismas necesidades que cualquier otro miembro de la familia y, si no las cuidas, terminarás harta y agotada. La calidad de vida no es una opción, sino una necesidad.

Los primeros meses pueden ser una época de ajustes, con muchos altibajos. Admite que tienes que cuidar de ti misma, porque la depresión posparto puede apoderarse de ti.

Si fueras atleta, lo lógico sería que entrenaras para las pruebas. Cuidarías tu dieta. Si tuvieras una reunión o una presentación importante en el trabajo, te prepararías con antelación. Ser madre es un cometido importante y no debes descuidar tu bienestar físico, mental o emocional. No debes tolerar la falta de sueño, ni dejar que la casa te ate y te aísle. No debe resultarte imposible leer el periódico ni acurrucarte en un sofá para leer un libro. Aunque, sin duda, harás muchos sacrificios, la maternidad no tiene por qué ser un martirio. Se trata de satisfacer necesidades, incluidas las tuyas.

Si esto es importante para una madre que deja el trabajo para cuidar de sus hijos, es doblemente importante para una madre o un padre solteros que trabajan. No dejes que el sentimiento de culpa por no estar en casa con tus hijos te torture tanto que renuncies a la idea de cuidar de ti o tener tu propia vida. Tienes una canguro, una niñera o un miembro de la familia que cuida de tus hijos (o tal vez estén en el colegio) y tienen lo que necesitan. Pasas tiempo con ellos cuando vuelves a casa del trabajo y los fines de semana. Pero también necesitas tiempo para ti, para no perder la cordura.